僕が若い人たちに伝えたい

2035年最強の働き方

Unlocking Success in The 2035 Job Market

ひろゆき
（西村博之）
Hiroyuki

Gakken

僕と「働くこと」の出会いは、
小さいころに住んでいた
団地ではじまりました。

僕の父親は税務署の職員で、
「働く大人」でした。
母親は専業主婦で、
家事や育児をする「働く大人」でした。

でも、団地に住む大人たちの多くは
「働かない大人」でした。
友だちの家に遊びに行くと、
昼間も家にいて寝ている
お父さんをよく見かけたものです。

「働かない大人」を見て幼い僕が思ったのは、
「バカにする」でも
「かっこ悪い」でもありませんでした。

「意外と幸せそうだな」
それが幼心《おさなごころ》に、正直に感じた気持ちです。

人間は仕事をしていなくても、
たくましく、幸せに生きられる。
それが、団地の生活から得た知識でした。

この経験は、僕の「生き方」や
「仕事観」のベースになっています。

人間は幸せになるべきで、
そのために働くんだ。

いまでもそう思っています。

働くことで不幸になるなら
やめたほうがいいし、みなさんにも、
幸せになるために生きてほしいです。

日本は、逆になっている人が多すぎます。

いつでも自分を最優先に、
幸せになっていい。

そのために、将来の仕事やお金の不安を
できるだけ取り除きたい。

この本では、そんな考えをベースに
「働くこと」を語っていきます。

ふわふわした精神論やきれいごとは抜きで、
「しんどくない稼ぎ方」
の実践的な方法をお話しさせてください。

この本を書くにあたって

こんにちは。ひろゆきです。

僕はいまフランスのパリに住んでいて、遠隔で日本の番組に出演したり、YouTubeでライブ配信をしたり、掲示板サイトの管理人をしたり、世界の果てに置かれたりと、いろんな仕事をしています。

「いつも忙しそうですね」と言われることもありますが、僕は基本的に働くことが好きではないし、早起きは苦手だし、そもそもいままで稼いだお金をヨーロッパの銀行に預ければ金利だけで生活ができるので、ガツガツ働いているわけではありません。

自分がやりたいことを選びながら、まあまあ好きにやっています。

こういう生活はいまに限った話ではなく、社会人になってからずっとこんな感じです。

冒頭でお伝えしたような「人生観」がある僕なので、ゲームや映画、マンガなど、自分が好きなことに没頭できる時間が最優先で、仕事は二の次。そんな感じでのんびりやってきました。

幸いにも僕は自分が立ち上げたネット系サービスが成長し、まとまったお金と知名度を得ることができました。

ただ、別にそれらがすべて失敗して普通の47歳のおじさんになっていたとしても、とくに気にもせずマイペースな生き方、働き方を続けていたはずです。

そんな僕が今回書き下ろすのは、「これからの時代の働き方」をテーマにした本です。日本人は真面目な人が多く、とくに「働く」ということに関して洗脳されていることも多いと感じます。

そんなとき、この本を書くきっかけになった編集者にこう聞かれました。

「日本ってこれからどうなってしまうんでしょう？　消える仕事もあるとか聞くし、子育てするのが不安です……。子どもには、どんなスキルや資格を身につけさせれば安心ですか？　教えてください！」

たしかに、国全体としては人手不足が深刻化し、そこそこ若ければだれでも職につける時代にはなりましたが、そうはいっても「会社で活躍できる自信がない」とか「ブラック企業に酷使される人生は避けたい」とか、心配ごとは絶えません。

めちゃくちゃ能力が高くても、「日本の経済の先行きが見えない」とか、「AIが自分の仕事を奪うかもしれない」とか、「職場が外資に買収されたらどうしよう」といった不安を抱いている人もいるんじゃないでしょうか。

さらには労働環境の話だけではなく、
「人には働く義務がある」
「働かざる者、食うべからず」

日本には、こんな「しんどい仕事観」がまん延《えん》しているようなのです。

もし僕に子どもがいたら、たしかに不安にもなるだろうなと思いました。そこで、これから社会に出ていく子どもや若い人たちに、今から10年後の2035年くらいまで、どんな心がまえやスキル、資格があれば生きていけるのか、僕なりの考えをまとめることにしました。

僕から伝えたいメッセージは、究極的には次の2点に集約できます。

1　将来が不安なら、「将来どうなってもなんとかなる」と思える状態を目指すのがベスト。

2　そのためには、常識やこだわりに囚《とら》われずに人生の選択肢を増やしていくこと。

本の前半では主に「働くってなんだろう」とか、「働くことに対してみんな洗脳されてない？」といった本質的な話をしていきます。

後半では人生の選択肢を広げる具体策として、「大卒カード」「英語力」、そして「海外移住」について僕の考えを述べていきます。

「働くこと」にまつわる、あらゆるヒントを網羅的《もうらてき》に紹介したので、けっこうな長さになってしまいました（笑）。自分が知りたい、必要な箇所だけを読んでもらっても、全然構いません。

子どもを育てている人やこれから社会に出る若い人はもちろん、いままさに必死に働いている方にとっても、仕事や働き方を見直すきっかけになるかもしれません。どうぞ肩の力を抜いて、お楽しみください。

では、さっそくはじめましょう。

ひろゆき

第2章 「働くこと」は義務じゃない

第3章 「10年後」を想像すると見えてくる日本の将来

第4章 「うまく生きている人」に共通すること

第5章 キャリア選択の幅を広げる「最強の資格」はコレ！

第6章 「英語力」で日本を飛び出せ！

第7章 世界のどこでも「職場」になる

第 1 章

「最強の働き方」は時代とともに変わる

「自分らしい働き方」をする人たち

自分らしい生き方や働き方をしたい――。

そう願う人は多いでしょう。でも世間体や親からの期待、能力的・経済的な理由など、さまざまな制約やしがらみから、そのような生き方をしたくてもできない人が大勢いるのも事実です。

でも、それって本当でしょうか？ 能力や経済的な理由、制約やしがらみと思っていることは「全部思い込み」かもしれません。

実際、**自分らしい生き方、働き方を実現している人たち**もいます。ちょっと見ていきましょう。

［事例］1 大手IT企業のエリート社員 ↓ タスマニア島でゆるくパート勤め

バブル期に大手IT企業でニューヨーク勤務まで経験したエリート会社員がいました。十分すぎる報酬はもらっていましたが、あるとき仕事のストレスが許容量を超えてしまいます。

「自分や家族の幸せを犠牲にしてお金を稼ぐなんておかしい」と気づいた彼は一発発起して、妻と生まれたばかりの娘と一緒に、なんのツテもなかったオーストラリアに移住。貯金を取り崩しながら現地の大学を卒業し、教員免許の資格を取り、タスマニア島の高校で日本語教師になりました。

仕事もあえてパートタイムにし、夕方にはバルコニーで大型犬をはべらせてワインを飲み、日が暮れたら寝るという質素で穏やかな生活を手に入れます。現在ではリタイアしており、のんびりした生活を続けています。

［事例］2

忙しさに追われていた編集者
↓
一人出版社で納得いく本づくり

コロナ禍のタイミングで東京から長野に移住し、一人で出版社を立ち上げた編集者がいます。

きっかけは娘さんの就学でした。従来の学校教育とはまったく異なるスタイルの学校が長野で開校することを知り、仕事もリモートワークに移行していたために思い切って移住を決意します。

大きく環境が変わったことで本業である本づくりに対しても「時間をかけて一冊一冊を丁寧につくりたい」という思いが強くなり、独立。

話題作を立て続けにつくり、豊かな自然のなかで家族との時間を大切にしながら、年に1、2冊のペースでの本づくりと読書文化の普及活動を続けています。

[事例] 3 大手自動車メーカーのエンジニア ↓ 田舎でクラフトビール職人

大手自動車メーカーでエンジニアをしていた男性がいます。

どこかのタイミングで起業したいという想いは秘めていましたが、アメリカで出会ったクラフトビールの魅力にのめりこんだことがきっかけで、みずから醸造所をつくることを決意。定住者支援制度を利用して、神奈川県から奥さんの実家だった富山県高岡市に移住します。

石畳の通りに千本格子の家が集まる伝統的な街並みのなかで物件を見つけ、自らリノベーションを行い、ビールづくりの設備を設計し、さらに店舗も開業。試行錯誤をしながらつくった自慢の地ビールで、地域の人たちや観光客の喉《のど》を潤《うるお》しています。

［事例］4

早起きが苦手すぎた大学生 ↓ やりたい仕事だけをする暮らし

毎朝決まった時間に起きることが苦手で、真っ当な社会人生活を送る自信がなかった大学生がいました。

彼は学生時代に同級生たちとインターネット関連の会社を立ち上げますが、仲間は全員、就職を選んだため、卒業後はひとりでその会社を引き継ぐことにします。彼は倹約家でガツガツお金を稼ぐ必要がなかったので、仕事はたまにするだけ。一日の大半をゲームや漫画で過ごしながら暮らします。

そんな彼はある日、自分でプログラムを書き、インターネットの掲示板サービスを立ち上げます。それが大ヒットしたことで、「生活レベルを上げない限り、一生安泰に暮らせる」と確信した彼は、いまでは自分がやりたい仕事だけを厳選しながら、フランスを拠点にノマド（遊牧民）的な生活をしています。

あっ、もちろん、最後の例は僕のことです。

自分に合った働き方、自分が望む働き方、あるいは苦痛やストレスの少ない働き方をしている人をみると、多くの人は羨望のまなざしで見つめます。

「自分はいまの働き方で我慢しないといけない運命なんだ」

「自分にはあんな働き方は無理だ」

と思ってしまうのです。

あるいは「競争から逃げやがって」と見下したり、「人生なめやがって」と怒りだしたりする人もいます。

しかし、本当に自分らしく働くことは無理なのでしょうか？

よりストレスの少ない生き方を望むことは悪いことなのでしょうか？

もちろん苦痛やストレスのまったくない仕事などありませんし、100%の理想をかなえることも難しいです。

でも、**自分が本気で望みさえすれば、人生をもっと楽しんだり、幸福度を上げたりすることはできるはず**なんですよね。

「働く」ということを主軸に置きながら、日本人にかけられた「洗脳」を解いていきたいなと思っています。

「レール」を外された現代人

身分と職業が密接に関係していた江戸時代のことを思えば、現代は昔と比較できないほど働き方や生き方の選択肢は増えました。国を越えて働くこともできます。生活レベルを下げればガツガツ仕事をする必要はないし、逆にホームレスから億万長者を目指すことだってできます。

ただし、自由には自己決定や自己責任がつきまとうため、どうしても悩みが増えます。**よくも悪くも、「既存のレール」がないのです。**

何十年か前までの日本なら、

「できるだけ偏差値の高い大学を出て、できるだけ大きな会社に就職し、定年退職まで会社にしがみつく」

という既定のレールの上に乗っかれば（もはや幻想ですが）、老後まで人並み以上の生活が約束され、悩みを打ち消すことができました。

だからこそ会社で多少理不尽なことがあっても、「みんな同じように我慢している」「我慢さえできれば一生安泰」と自分に言い聞かせることができたのです。

現代の日本では、「会社に依存する生き方」「国の経済成長に依存する生き方」といった前提が、音を立てて崩れています。

10年で入れ替わる「人気就職先」

そもそも、働き方は時代によって変わっていくものです。10年前の常識は、いまの非常識。そのひとつの例として、マイナビの大学生就職企業人気ランキングを、1990年から10年ごとにたどってみることにしましょう。

1990年

1990年といえば、バブル経済最盛期。世界の時価総額ランキングで日本企業が上位を占めていた時代。国全体が浮かれており、就職も楽で、文系では華やかな航空業界や世界を股にかけて仕事ができる商社、資金が潤沢にある金融が人気でした。

理系ではパソコンメーカーとしても勢いがあった総合電機メーカーや自動車メーカーが上位を占めていました。当時はまだ女子学生の割合が低かったので、全体的に男子学生が好みそうな業界・企業が並んでいます。

2000年

バブルが崩壊して経済が停滞していた2000年は「就職氷河期」の時期で、僕が大学を卒業した時期にあたります。大卒の求人倍率は１９９０年の2・77倍と比べて３分の１の０・99倍まで激減。就職浪人が続出しました。このとき正社員になりそびれた人のなかには、いまでも非正規雇用で働き続けている人もいます。

女子学生が増えた影響で旅行代理店や化粧品メーカー、教育産業など、ソフトな印象の業界・企業がランキングの上位に入ってくるようになったのも特徴です。

２０１０年

次は２０１０年。経済は少しだけ持ち直していましたが、２００８年のリーマンショックで台無しに。その影響で２０１０年は失業率が５％を超え、求人倍率も前年の２・14倍から１・62倍に低下しました。そんななかランキングで飛躍したのが不景気に強い食品メーカーでした。

２０２０年

２０２０年の求人倍率は１・53倍とさらに低下（６月調査）。人手不足が経営課題となりはじめ、優秀な学生を青田買いしたい思惑もあり、多くの企業がインターンシップ制度を活用しはじめます（制度自体は１９９７年から存在）。

なお、このデータはコロナの緊急事態宣言前のため、旅行代理店や航空会社がまだ上位に入っています。食品メーカーも相変わらずの人気です。

2024年

直近のデータである2025年卒（2024年調査）も相変わらずの超売り手市場で、求人倍率は1・75倍でした。同調査では家具大手のニトリが文系の1位（2年連続）。セガやバンダイなど日本の十八番であるコンテンツ産業がランクインしているのも印象的です。

ちなみに理系4位のSkyはマイナビに積極的に広告を打つことでランキングの常連入りしている非上場のシステム開発会社なので、知らなくても気にしなくて構いません（就活のシステムをハックしている賢い戦略だと思います）。

ちなみに人気ランキングなので知名度が高くてブランドイメージのいい企業が上位を占めているだけで、ランキング入りしているからいい会社だ、というわけではありません。近年、東大生に人気のコンサル企業［※］も母数が少ないのでトップ10入りすることはありません。

1990年から2010年までの新卒人気企業

1991年卒(1990年調査)

文系総合 順位	企業名	理系総合 順位	企業名
1	全日本空輸	1	日本電気
2	三井物産	2	ソニー
3	伊藤忠商事	3	富士通
4	三菱銀行	4	日本電信電話
5	日本航空	5	日本アイ・ビー・エム
6	住友銀行	6	松下電器産業
7	東海旅客鉄道	7	日立製作所
8	富士銀行	8	日産自動車
9	日本電信電話	9	本田技研工業
10	東京海上火災保険	10	トヨタ自動車

2001年卒(2000年調査)

文系総合 順位	企業名	理系総合 順位	企業名
1	JTB(日本交通公社)	1	ソニー
2	NTTドコモ(NTT移動通信網)	2	資生堂
3	ソニー	3	本田技研工業
4	近畿日本ツーリスト	4	NTTドコモ(NTT移動通信網)
5	資生堂	5	トヨタ自動車
6	日本航空	6	旭化成工業
7	ベネッセコーポレーション	7	NTTデータ
8	トヨタ自動車	8	鹿島
9	全日本空輸	9	味の素
10	講談社	10	竹中工務店

2011年卒(2010年調査)

文系総合 順位	企業名	理系総合 順位	企業名
1	JTBグループ	1	味の素
2	資生堂	2	パナソニック
3	ANA(全日本空輸)	3	カゴメ
4	オリエンタルランド	4	資生堂
5	三菱東京UFJ銀行	5	ソニー
6	明治製菓	6	明治製菓
7	JR東日本(東日本旅客鉄道)	7	三菱重工業
8	三井住友銀行	8	JR東日本(東日本旅客鉄道)
9	エイチ・アイ・エス	9	JR東海(東海旅客鉄道)
10	ベネッセコーポレーション	10	東芝

出典:マイナビ就職企業人気ランキング調査

2020年から2025年までの新卒人気企業

2021年卒(2020年調査)

文系総合

順位	企業名
1	JTBグループ
2	全日本空輸（ANA）
3	東京海上日動火災保険
4	日本航空（JAL）
5	オリエンタルランド
6	伊藤忠商事
7	ソニー
8	味の素
9	ニトリ
10	ソニーミュージックグループ

理系総合

順位	企業名
1	ソニー
2	味の素
3	富士通
4	サントリーグループ
5	トヨタ自動車
6	NTTデータ
7	カゴメ
8	資生堂
9	明治グループ(明治・Meiji Seika ファルマ)
10	日立製作所

2025年卒(2024年調査)

文系総合

順位	企業名
1	ニトリ
2	みずほファイナンシャルグループ
3	伊藤忠商事
4	三菱UFJ銀行
5	味の素
6	東京海上日動火災保険
7	日本航空（JAL）
8	セガ
9	JTBグループ
10	バンダイ

理系総合

順位	企業名
1	ソニーグループ
2	味の素
3	KDDI
4	Sky
5	パナソニックグループ
6	三菱重工業
7	NTTデータ
8	キヤノン
9	セガ
10	トヨタ自動車

出典：マイナビ就職企業人気ランキング調査

こうしてランキングを時系列で追ってみると、実際にグローバル企業として業績を伸ばしている会社もあれば、衰退が目に見えているのに手堅い人気を誇るレガシー企業もあります。

誤解を防ぐために先に言っておくと、**僕は大企業で勤める選択肢を否定するつもりはまったくありません。**

やはり大きな会社ほど資金的に余裕があるので、給与やボーナスが高くなるのは当然です。手厚い福利厚生、圧倒的な社内リソースといったことは、中小企業にはない大企業の魅力ですから。

現時点でピークの会社は衰退するだけ

という前提を踏まえたうえで、僕がこうした人気ランキングを見るたびに思うことが２つあります。

※東大・京大25年卒就活人気ランキング（6月速報）では、野村総研、ボストンコンサルティング、デロイトトーマツコンサルティング、アクセンチュア、ベイカレント・コンサルティング、アビームコンサルティング、マッキンゼー・アンド・カンパニーの7社がトップ10入り。

ひとつは、就活中の学生がこうしたランキングを頼りに自分の人生を捧げる就職先を考えているとすれば、少し冷静になったほうがいいということ。こうしたランキングは社会の流れをつかむための参考データくらいに捉えたほうがいいと思います。

僕の感覚からすれば、「いまさら終身雇用はないだろう」と思うのですが、東京商工会議所による新入社員の意識調査によると、いまの会社で定年まで働きたいと考える人の割合は年々減少傾向にあるものの、いまだに20%くらいはいるそうです。

もしある会社に自分の人生を託す覚悟で、なおかつ将来の不安を払拭したいなら、できるだけ長く繁栄しそうな会社を選ぶことが合理的ではないでしょうか。つまりそれは**「これから伸びそうな業界・会社」**です。しかし、そうした会社の多くは現状では知る人ぞ知る存在のため、人気ランキングの上位に入ることはありません。

むしろ「ランキング上位にある会社は現時点でピークにあって、これから衰退していく会社」と解釈することができます。

ピークにある会社にはその甘い汁を吸おうと多くの人材が引き寄せられてきます。「ホワイト企業」に若者が集まるのも同じ構図です。

甘い汁とは「既得権益《きとくけんえき》」のこと。個人的には「会社は利用し尽くすもの」という考え方なので、甘い汁を吸うこと自体は悪いことだとは思いません。その一方で、そのような人材が内部に増えたら組織はどうなるでしょう？

「会社のブランド力があるから営業も簡単だろう」
「下請けをいじめていれば仕事なんて余裕で回せるだろう」
「目立った失敗さえしなければ出世できるだろう」
「できる限りサボってラクをしよう」

こうした考えの人が組織に増えれば増えるほど、その会社は弱体化していきます。

社員が「圧倒的有利すぎる」日本企業

組織に貢献できない社員を解雇できる欧米型の雇用習慣であれば、組織の血の入れ替えは頻繁にできます。世界経済をリードするＧＡＦＡＭ（Google・Apple・Facebook・Amazon・Microsoft）もことあるごとにリストラを行って、組織に依存しようとする人材を排除し、組織が腐っていくことを必死に防いでいます。

しかし、日本企業は「仕事ができない」とか「能力がない」といったことを理由に解雇ができません。なぜなら「能力がない」という前提で新卒を採用し、会社が責任をもって育てるという特殊な雇用形態をとっているためです。

もし解雇された社員から「不当解雇だ！」と訴訟を起こされると、「能力がないのは人材育成をしていない会社が悪い」という理屈が平気で通ってしまうため、社員の解雇をしづらいのです。これを解雇規制と呼んだりしますが、こんな制度をとる国は日本くらいではないでしょうか。

どうしても社員に辞めてほしかったら、「これでもか！」というくらい研修の機会を与えて成果が見られないことを証明するか、会社が転職を支援して退職金も積み上げ、自主的に辞めてもらうしかありません。

こうした**「過剰な労働者保護」が日本企業の特徴**（長所であり短所）であることは基礎知識として知っておかないといけません。

そういう意味では、人気ランキング上位の会社に入って何年か甘い汁を吸い、履歴書にハクをつけて、組織の勢いが落ちたらさっさと転職するキャリアは賢い選択だと思います。

ただし、日本の伝統的な会社ほど年功序列で新卒の給料は低く、10年、20年と働き続けてはじめて「大企業のうまみ」を感じられる報酬体系になっているところが多いので、**実際に甘い汁を吸えるかどうかは会社次第**です。

最近は優秀な若い人材を一人でも多く確保できるように年功序列制度をぶっ壊し、新卒の給料を上げる会社も増えていますので、もし大企業を選ぶなら（激務に耐えられるか自分の体と相談しつつ）できるだけ給料の高い会社がおすすめです。

もちろん当たればデカいスタートアップを選び、安月給で働くようなキャリアも面白いですが、当たらないケースのほうが圧倒的に多いので、「失敗しても勉強になるからいいや」くらいの感覚でチャレンジしたほうがいいかもしれません。

「就職」ではなく、「就社」になってない？

就職人気ランキングに関してもうひとつ僕が長年感じてきたことは、理系の専門職などを除いて**日本では「就職」が「職」を選ぶことではなく、「会社」を選ぶことになっているケースが多すぎること**です。

もちろん会社を選ぶキャリアでもいいのですが、「自分はこんな職種のプロになりたい！」と考えてキャリアを構築していく若者がもっと増えてもいいのかなと思います。

「就職」が「就社」に変わってしまっている原因は、日本で長年採用してきた独自の雇用制度にあります。日本企業の多くでは新人を「総合職」としてガサっと集めてから状況に応じて育成と配置をしていく新卒一括採用を導入しています。頭数ありきで、そこに仕事をあてがっていくやり方で、メンバーシップ型雇用とも言います。

就職人気ランキングの文系部門に並ぶ企業の大半は、メンバーシップ型雇用の会社です。

たとえば直近のランキングで文系1位のニトリでは、専門職採用は「ＩＴ人材」のみで、「総合職」採用がメインとなっています。同社の採用サイトによると、社内には50部署１００種類以上の職種があるそうで、配置替えをしながらさまざまな業務を経験し、成長してほしいという旨のメッセージが書かれています。

当然、社員の希望もある程度反映されるのでしょうが、100%希望が通ることはないでしょう。たとえば大学院でグローバルサプライチェーンについて論文を書いたような学生が、地方の店舗に配属になって店員さんたちのご機嫌取りをするような仕事に就く可能性もあるわけです。

総合職の建前は、会社でいろんな経験をさせることで物事を複眼的に捉えられるリーダーを育成することです。しかし、実際に同期入社のなかで幹部候補のルートに乗れるのはごく一部。経営者の本音としては解雇規制があるために、**採用した人材を使いきるべく社内で人事シャッフルするときに便利な制度**なのです。

自分のやりたいことや適性がわからないのであれば、総合職として「就社」する選択はありだと思います。いろんな部署を経験するなかで自分に合った職種と巡り合うこともあるでしょう。

それに、あまり仕事ができなかったとしてもクビにならず、給与がちゃんと振り込まれ、会社の福利厚生を受けられるのはありがたいことです。

反面、**自分のキャリアを人事部の一存で左右されることや、総合職にもれなくセットでついてくる年功序列制度は、優秀な人にとってはデメリット**かもしれません。

だから本当に優秀な学生は、どんな部署に配属されるかわからないうえに安月給で働かされる日本企業を敬遠して、激務と引き換えに高い報酬と成長の機会を与えられる外資系コンサルなどを選んでいるわけです。

日本型の働き方では持たなくなってきた

日本的なメンバーシップ型雇用もさすがに機能不全を起こしています。若い世代が減っているのでそもそも新卒を集められないとか、せっかく育てても転職してしまうとか、管理職を避ける人が増えたとか、事業の立て直しをしたくても人を切れないといった理由からです。

そこで経団連もメンバーシップ型雇用に代わる新たな雇用形態として、ジョブ型雇用の導入を後押しするようになりました。

ジョブ型雇用とはアメリカ生まれの雇用形態で、メンバーシップ型雇用とは逆に「こういう業務があるから適任者を採用しよう」という雇用の仕方です。

職務や求められる成果、給与、勤務地などが明記された契約（ジョブディスクリプション）に合意したうえで働く形なので、会社側からすれば、

「成果を出していないから給与下げますね」

「いやならどうぞ辞めてください」

と言いやすく、雇われる側としても、

「契約に書いていませんよね？　やりません」

「これだけ成果を出したので、給料を上げてください」

と言いやすいため双方にメリットがあり、中途採用にも相性がいい制度です。

解雇規制がなくなったわけではないので「ジョブ型雇用」といっても完全にアメリ

力的な働き方になるわけではありませんが、

- 自分のキャリアは自分でデザインしたい
- ムダな仕事はしたくない
- 成果に見合った給与が欲しい
- とにかく専門性を高めたい
- 会社には貢献したいけど利用されたくはない

といった人にはおすすめの働き方ではないでしょうか。

ある就職マッチングサイトが行った調査では就活中の大学生の4割がジョブ型雇用の求人を探しているそうです。若い人が求めているということは、いまメンバーシップ型雇用の会社も、少しずつジョブ型採用枠を増やしていくはずです。

個人的には自分の武器をしっかり持つジョブ型のようなスペシャリスト人材のキャ

で、この出戻り入社ブームでつくづく思うのは、「社風とマッチするかは、実際に働いてみないとわからない」ということ。

人気就職先ランキング上位の会社に入ったからといって、自分にとって居心地がいいかどうかはまったく関係ないんですね。就活時にリクルーターと何回会ったところで社風まではわからないし、大企業だと部署によって風土が極端に違うこともありますし。

「社風が合わない」は十分すぎる転職理由になるかと思いますが、対人関係の話とは別です。

対人関係で悩む人は何度転職しても悩むので、「相手が自分の思う通りになってくれる」という甘い期待をさっさと捨てないと厳しいですよ。

ただ、あまりに短期間の転職を繰り返すジョブホッパーはさすがに人事も敬遠します。アメリカでさえ、10年の間に6社以上会社を変わっているような人は採用を見送ることがあるそうです。

ひろゆきのつぶやき

空前の「出戻り入社」ブーム到来‼

最近、転職市場でちょっとしたブームになっているのが「出戻り入社」。「アルムナイ採用」や「ブーメラン社員」といった表現も使われます。

いざ転職してみたけどやっぱり元の会社のほうがよかったと感じる人たちが、出戻りをしているみたいですね。

「外の世界」を経験した人を呼び戻すことで社内に新たな刺激を与えることができますし、すでに社風を理解している人たちなのですぐに組織に順応できるというメリットがあります。

こうした背景には切迫した人手不足があるわけですが、そもそも会社を離れた人を改めて受け入れる土壌がないと成り立たない採用方法です。

人事がＯＫでも、出戻り社員を受け入れる現場レベルがＮＯなら、ブームにはなっていないはずだなぁと。

リアのほうがいいと思っています。ただ、一本槍だけで高収入を得るには一部の天才を除いてなかなか難しいので、たとえば「すごいエンジニアだけど、マネジメントもできます」みたいな二刀流の人材が最終的に強い気がします。

いずれにせよ、就活時期になんとなく知名度で会社を選ぶのではなく、**「メンバーシップ型組織のなかで賢く出世していく路線」をとるのか、「ジョブ型組織のなかで特定のスキルを高めていく路線」をとるのか**考えてみる必要がありそうです。

やる気のある人にとって残業規制はチャンス

最近、日本の労働環境で起きている劇的な変化といえば、残業規制があります。

2019年に時間外労働の上限が週45時間、年360時間と定められ、さらに2024年4月からはその対象が医師やトラック・タクシーの運転手、建設業などにも広がりました。

昭和から平成にかけて日本で普通に見られた「終電まで働く文化」が突如として終わったわけです。

ここ10年で、日本人の週平均の労働時間は1割減りました。36・6時間はアメリカと同レベルで「ワーカホリックな日本人」は過去の話となっています。

ちなみに国を挙げて時短を進める国としてはドイツが有名です。ドイツ人が働く時間は日本人の約3分の2。社員に長時間労働をさせた経営者は逮捕される可能性もあるほど、厳密に規制をかけています。それでいてドイツは日本よりも一人あたりのGDPが高いわけですから、今後の日本では一人あたりの生産性をいかに高めるかというところが経営者の腕の見せどころになるでしょう。

生産性の話はいったん脇に置き、単純に労働時間のことについて考えてみます。
昔とは違い、いまは定時退社が普通のことになっています。仕事をあまりしたくない人にとっては喜ばしいことでしょうし、できるだけ早くお金を稼ぎたいという人にも残業規制は追い風です。空いた時間を副業や兼業にあてられるからです。

ただ、残業規制に関して僕が一番気になっていることは、仕事に対する情熱があり、残業がまったく気にならない人たちについてです。

仕事のしすぎで心を病んでしまうことはたしかに問題です。

でもプログラミング業界や広告業界、コンサル業界などを見ていると、「この人のスタミナと集中力は無限なのか」と思ってしまうくらい長時間労働を飄々《ひょうひょう》とこなしている人もいます。

一律の規制によってそういう人たちが仕事の成果を出す機会を失ってしまうことは、国にとっても損失ではないかと少し感じています。

残業規制でやりにくさを感じる人は、規制のかからない個人事業主になって業務委託の形で仕事をするのもひとつの手です。

あるいは、会社で仕事ができないとしても家で資格の勉強をしたり、仕事絡みのリサーチをしたり、あるいはこっそり仕事を持ち帰ったりすることもできます。

自由に使える時間が増えたわけですから、その時間を「仕事に関係する時間にあてる人」と「あてない人」の格差は、今まで以上に広がる気がしています。

とくに、**日本企業のようにとりあえず人材を集め、ヨーイドンで出世レースがはじまる組織では、若いうちに頭角を現すことがめちゃくちゃ重要です。**

上司たちの間で「あいつ、いいね」と噂になるような若手は、同期のだれよりも早く難易度の高い仕事や責任のある仕事を任されるようになり、それをこなしていくことで加速度的に成長していきます。

そんな人が30代になれば、転職や独立を含めキャリアの選択肢も増えていきます。やる気がみなぎっているタイプなら、「20代は自分を成長させる期間」と割り切って、積極的にスキルアップを図っていくのもいい選択なんじゃないでしょうか。

「週休3日」や「1日6時間労働」は実現するのか？

いまの残業規制の話と矛盾していると思われるかもしれませんが、「社会人なら週5日、1日8時間働くのが当たり前」という発想自体が古いと思います。

産業革命当時の人たちは1日10時間くらい働いていたそうですが、生産力の向上に伴い少しずつ労働時間は減ってきました。ただ、産業革命から200年も経ち、AIやロボットがこれだけ普及したにもかかわらず、いまだに日本の会社員は1日8時間なり9時間なり働いています。

もちろんバリバリ働きたい人にとっては8時間すら短く感じるはずなので、たくさん仕事をしたい人はすればいいと思います。ただ、ドイツの例のように生産性を上げて時短を図ることも可能であることが証明されているのに、**日本はいつまで「8時間労働」にこだわるんだろう？**と思ってしまうのです。

では、将来的に日本企業で週休3日や1日6時間労働のような働き方が普及するかというと……かなり難しい気がしています。

なぜなら日本では「仕事は真面目にがんばればいい」という発想がいまだ根強く、生産性を上げることよりも、「努力」「勤勉さ」に目が向きやすいからです。

さらに、時短が成立しやすいのはひとつの業務を複数人で負担するワークシェアリングを導入している国や企業で、日本のように労働人口が年々減っていく社会では、「正直、1秒でも長く働いてほしい」というのが経営者の本音だから。

働き方改革の一環で週休3日を導入する企業も増えていますが、よーく見ると、**1日8時間労働だったものを、1日10時間に増やしているだけ。**総労働時間は変わらないものが主流となっていたりします。

ごくまれに、6時間労働や本当の週休3日を実現している会社もありますが、よほどの経営センスを持っている社長でないと実現は難しいと感じます。

ひろゆきのつぶやき

「月5万で生きていければなんとかなるよ」という話

いま「8時間労働って、どう考えても長すぎじゃない？」と感じている人が多いそうです。

ものすごく希少なスキルを持っている人なら、フリーランスとして高単価な仕事を選べば、1日数時間働くだけで普通の会社員なみに稼ぐこともできます。

まぁ、そもそもお金を使わない生活が苦にならないなら、なんとかなるものではあります。

僕が大学を卒業したあとに一人社長をしていた会社では、サーバー管理費として毎月収入があったので、自宅のアパートでゲームをするか、漫画を読むか、お酒を飲むかで、ほとんど仕事をしていません。

仕事らしい仕事をするのは、顧客から「サーバーが落ちた」と連絡がきたときだけ。営業もしなかったので売上はそこそこでしたが、1か月に5万円もあれば生活には不自由しない僕にはなんの問題もありませんでした。

非正規雇用はあり？ なし？

アルバイトやパート、契約社員、派遣社員など、正社員（正規雇用）以外の働き手のことを総じて非正規雇用者と言います。全労働者のなかで非正規雇用者が占める割合は２０００年には約25％でしたが、近年は37％前後で推移しています。

近年、非正規雇用者が増えた原因は、契約社員や派遣社員が増えたからです（定年後の社員を嘱託で雇うケースも増えていますが、ここでは触れません）。

契約社員は会社と直接雇用契約を結び、派遣社員は派遣会社と雇用契約を結ぶわけですが、いずれも雇用期間に期限がある「有期雇用」が特徴です。

日本中に契約社員や派遣社員が増加した時期には、正社員と同じ仕事をしているのに賞与が低かったり、退職金がもらえないといった格差があり、社会問題にもなりました。「非正規雇用＝低賃金で搾取される」というイメージがいまだに強いのもそのためです。

ただ、2021年からはじまった「同一労働同一賃金制度」（パートタイム・有期雇用労働法）や、労働派遣法の改正により状況は一変します。「同じ仕事をしているなら、雇用形態に関係なく同じ待遇にしないといけない」と法律で定められたのです。

非正規雇用の待遇がかなり改善されたいま、**個人的には非正規雇用の働き方も悪くない**と思っています。

将来的に転職を考えた場合、20代のうちに正社員を経験して履歴書を「盛っておくこと」でかなり差が出るので、もし正社員を選べるなら正社員のほうがいいと思います。

ただ、派遣社員の場合は3年以上同じ派遣先で働けないという制限はあるものの、本当に優秀な人材で相思相愛の関係であれば契約社員や正社員の話がくる可能性があります。

契約社員も契約期間が切れるたびに更新をすればいいわけです。

また2013年に施行された改正労働契約法によって、有期雇用者が同じ職場で5年働けば、本人の希望次第で無期雇用になることができるようになっています。

ひろゆきのつぶやき

非正規でやりたい仕事を「お試し」してみても

新卒で会社に入っても、「社風や労働環境が合わない」と早々に気づいて離職するハメになることも。入社のハードルが低い非正規の形でまず働いてみて、続けられそうか見極める方法もアリだと思います。

非正規雇用では出世が難しいのがネックではあるものの、出世できそうな見込みがあるなら正規雇用を申し出るのもアリなんじゃないでしょうか。そのときもし「事業が縮小していて余裕がないんだ」と言われたとしたら、そんな会社で正社員になっても未来がないわけですから、会社の見極めにもなります。

また、契約社員や派遣社員は雇用契約を結んだときに書いてある業務しかしなくていいので、残業も少なく、転勤も部署異動もありません。「とりあえず実務経験を積みたい」など戦略的にスキルアップしたい人にとっては、プラスなこともあるかもしれません。

すべての働き方を変えた、コロナの衝撃

20年後あたりの現代社会の教科書では、「2020年は日本人の働き方が大きく変わった年」として記述されているかもしれません。

なぜか？　それは、**コロナによるリモートワーク（官僚的な表現を使えばテレワーク）の普及**です。

2019年の段階でリモートワークを導入している企業はわずか20％にすぎませんでしたが、2020年には一気に50％を超えました。物理的にその場にいないと成り立たない職種を除いて、頭脳労働系のホワイトカラーが一斉にオフィス街から姿を消したのは衝撃的な出来事でした。

DX後進国の日本でこれを政府主導でやろうとしたら、10年かけても無理だったでしょう。そうせざるを得ない状況にみんなが追い込まれたことで、「俺パソコン苦手だから」と言っていたおじさん管理職さえリモートワークに移行できたのです。

打ち合わせは基本ビデオ会議となったことで全国の会社にオンライン会議用ブースの設置が進み、地方出張の習慣も廃れました。会社員にとってはサービス残業でしかなかった夜の付き合いも激減。接待を受けていた人たちは一抹の寂しさを感じているでしょうが、**そんなことをしなくても仕事は回ることにみんな気づいてしまった**のです。

なかでも大きな変化は1日2時間、通勤のために体力と時間を消耗することがいかに非効率なことであったか多くのホワイトカラーが知ってしまったことです。２時間もあれば、子どもの宿題を見たり、ジムに通ったり、英語の勉強をしたりと自分のために時間を使うことができます。

コロナ禍が終わったいま、多くの企業は社員の出社を促す方向で動いています。「対面でないとコミュニケーションが不足したり、円滑なチームワークができない」といった理由からです。

もちろんそうした負の側面もあるのかもしれませんが、一度リモートワークの快適さを知ってしまった人を元のやり方に戻すことは容易ではないと思います。

僕のようにパソコン1台でノマド的な生活をする働き方は以前からありましたが、「自分もそんな働き方をしようと思えばできるんじゃないか？」と多くの人が気づけたことが、コロナ禍から得た恩恵だと思います。

出社命令を受けてフルリモートの会社へ転職を決意する人。
これを機に副業や兼業を始める人。
山や海など自分が住みたかった場所に完全移住する人。
都市部と地方に二拠点構えてリモートと対面の仕事のバランスをうまくとる人。

新しい働き方、新しい生き方の選択肢が一気に増えています。
これからどんな仕事をしようか考えている人は、就職にせよ独立にせよ、「リモートでできる」という前提で仕事を探してみるのもいいかと思います。とくに通勤やコミュニケーションが苦手な人にとって、リモートワークは救世主かもしれません。

「会社に依存しない」働き方

なによりこれからは**会社という大きな組織に依存しない働き方が増えていきます。**

たとえば、いま日本ではフリーランス人口が急増していて、２０２２年時点で２５７万人（総務省調べ）。フリーランスの総報酬額は20兆円で、正社員の総報酬額１８０兆円に対して9分の１くらいの存在感になっています。２０１７年時点ではその割合はわずか25分の１。たった10年足らずで、フリーランスは「珍しい働き方」から「当たり前の働き方」に変わりました。

しかも、これはフリーランスを本業とする人たちの数字であって、副業や兼業でフリーランスの仕事をする人を含めるとその数は１５００万人まで跳ね上がります（ランサーズ調べ）。日本の労働人口は７０００万人くらいなので、約5分の１の人が個人で仕事を請け、収入を得ているということになります。アメリカのフリーランス率は約3分の1なので、その水準にもだいぶ近づいています。

エンジニアの世界を見てもやはり同程度で、フリーランスの割合は約4分の1。その半数以上は会社員時代より年収が上がっているそうです（Relance調べ）

よほどのスキルがないと独立できないと思われやすいですが、たとえば文章を書くことが好きな人なら在学中に仕事をはじめて練習がてらライターとしての実績を積んでいくこともできます。

大学を出たあとも仕事が軌道にのるまでは時間の融通の効くアルバイトとライター業を兼業する形でもいいわけです。隙間時間にさっとバイトができるタイミーのようなサービスも普及しはじめています。

ひろゆきのつぶやき

「会社に所属しない」のも、人生楽しめるんじゃね？

フリーランスの魅力は、「自分の人生をコントロールしやすくなること」。人生を１００％コントロールするのは不可能ですが、少なくとも主導権は握りやすくなります。

立場が弱いことで「フリーランスいじめ」もたまに起きますが、「フリーランス保護新法」が2024年11月から施行されたので、改善されていくことを期待しています。

正社員の会社員が、給料を補う意味でフリーで副業をはじめる動きも、今後は確実に増えていくでしょう。いくつもの収入源を持っておいたほうが安心です。

「フリーで仕事がなくなったらどうするの？」と質問されたら、「え、じゃあ、いまの会社が潰れたらどうするの？」と軽く返しておきましょう。

さらに、会社員は自分の会社が潰れると「いきなり無職」ですが、フリーランスで取引先が５つあったら、１社つぶれても20%の損失で済んだりします。

「だれでも気軽に」ビジネスをはじめられる

また、自分でお店を持ちたいとか、こんな製品をつくってみたいといった目標を持っている人たちも、CAMPFIREをはじめとしたクラウドファンディングサービスのおかげで資金を集めやすくなっています。

たとえばクリエーター用のBluetoothコントローラーをデザインしたTourBoxという会社は、CAMPFIREでその開発資金を募り、6596人の支援者から1億5000万円近い資金を集めています。

かつては、なにか事業をはじめる際には日本公庫や銀行に事業計画を出し、厳格な審査を通ってようやく融資が受けられました。しかもそれはスタートラインにすぎず、事業で利益を出し、融資を返済する必要があったわけです。

でも、クラウドファンディングを使えば先に代金をもらってから事業に着手できるので、多額の借金を背負うリスクが減ります。さらにファンづくりもできるので一石二鳥です。

自分のやろうとしていることに賛同してくれる個人を募ることができれば、年齢や実績に関係なし。昔より圧倒的にビジネスをはじめやすくなっています。

会社に依存することは決して悪いわけではありません。ただ、会社に依存することで自分らしい生き方ができそうにないのであれば、「脱会社」という選択肢がいくらでもあることを知ってほしいと思います。

公務員や大企業に入るだけが「勝ち組」じゃなくなる

ここまで見てきたように、これからの時代、働き方はどんどん多様化していきます。日本経済が順調に成長していたころは、働き方を考えるときに「安定性」を指標にする人が多かったと感じます。

かつての日本で安定を勝ち取るには公務員や銀行員、

あるいは大企業の正社員になるのが一番。

そのためには必死で受験勉強をして、できるだけ偏差値の高い大学に入り、就活で勝ち抜き、組織の流儀に歯向かうことなくみんなと同じことをやりつづけることが求められました。

実際にそのレールで成功を収めた親世代は、まさにこの瞬間も、子どもに同じことを強要しているかもしれません。

過熱する早期教育を見ていても、そんな印象を受けます。先行きが不安だからこそ早いうちからいい教育環境に身を置き、いい大学に入ることで就職活動を有利にして、少しでも安定した仕事に就きたい、あるいは就かせたい。

その気持ちはよくわかります。「一流大学から大企業へ」という従来の勝ち組ルートがまったく機能しなくなったと言うつもりもありません。

ただし、**いまや「人生の勝ち筋はそれだけはない」**ということは声を大にして伝えたいと思います。

- 目指している学校に入れなかった
- 家庭の経済的理由から大学に行けなかった
- ひきこもりの期間が長くて社会参加が遅れた
- 就職はできたけど零細のブラック企業だった
- 上場企業に入ったけどうまくフィットできなかった
- せっかく正社員になったのに対人関係で失敗した
- 周りの人が優秀すぎて自信を失った

こういう境遇にいるからといって「負け組確定だ」とか「お先真っ暗だ」なんて思わないでください。

たしかに18歳前後の受験競争や22歳前後の就活競争に勝ち残らないと、巨大な組織の一員として「長いものに巻かれろ」的な生き方をする選択肢は減ります。

でも、それはいまや無限に増えた人生のレールのひとつにすぎないし、今後日本が衰退していくことを考えれば、「長いもの」だと思っていたものが意外と長くなかったなんてことも十分ありうる話です。

そもそも死に物狂いで受験勉強をして大学に入り、日本の上場企業に就職したところで、ほかの先進国の半分くらいの給与しかもらえないのがいまの日本の現状。大企業も生き残りをかけ積極的に事業売却やリストラを行っています。地方の銀行もなぜまだ生き残っているのかわからないようなところばかりです。地方の公務員になれたところで、その自治体が消滅する可能性もあります。

みんなと同じことをしていれば貯金ができ、20代で結婚でき、車やマイホームが買えた、いわゆる「総中流社会」はとっくに終わっています。

若い人たちの多くはとっくに気づいていますが、残念ながら、上の世代でまだそのことに気づいていない人がたくさんいます。だからことあるごとに「定職につけ！大企業へ行け！」とうるさいのです。

そろそろ「勝ち組VS負け組」の洗脳から逃れよう

円の価値が下がっているうえに日本では所得が減っているので、世界から見れば日本はすでに貧しい国です。これからの日本でみんなと同じことをしていても中流にすらなれない可能性が高いのです。

むしろ普通の人と違った視点やスキルや経験が、突如として価値が出る可能性のほうが高いのではと感じるくらいです。

実際、いま若い人で大金を稼いでいる人たちを見てみると、トップアスリートやコンテンツクリエイター、アプリやゲームの開発者、スタートアップ経営者、海外で働く人など、従来の規定路線を外れた人たちばかりです。

そもそも大金を稼ぐ必要ってあるんだっけ？　という議論もあります。

都会の喧騒を離れてリモートワークで最低限のお金を稼ぎながら、質素な田舎暮らしを選ぶ人たちも増えています。そんな人たちを十把一絡げに「負け組」と呼ぶような価値観は、ずいぶん古い思考だなぁと感じます。

人生は「他人が決める勝ち負け」ではなく、「自分がどれだけ多くの幸せを感じられるか」で決まります。古い成功事例に囚われすぎてわざわざ不幸を感じるような生き方や働き方は、いい加減やめたほうがいいんじゃないでしょうか。

むしろこれからの時代の働き方を考えるとき、最も大きなキーワードとなるのが、「いかに選択肢を増やせるか」です。

たとえば、「就職先」の選択肢。
たとえば、「起業・副業・兼業」の選択肢。
たとえば、「住む場所」の選択肢。

たとえば、「働く時間やスタイル」の選択肢。

こうした選択肢をいくつも増やす努力をすれば、社会がどう変わろうと、勤め先が倒産しようと、「自分が幸せ」と思える生き方や働き方を選びやすくなるわけです。

もし日本では選択肢が見つからず、生きづらさを感じるようになったら、ぜひ世界に視野を広げてください。

価値観も稼ぎ方も生き方も、びっくりするくらい世界は広いです。

第2章

「働くこと」は義務じゃない

「なぜ働く」のか、答えられますか？

前章では「働き方がだいぶ変わってきた」という話をしたわけですが、この章では「そもそも働くってなんだろう？」といった、大前提の話を少ししておきたいと思います。

というのも、こうした話はみなさんが育った環境のなかでいつの間にか「常識」として刷り込まれていることが多く、客観的に見つめ直す機会が少ないからです。

さて、みなさんは「人はなぜ働くのか？」と質問されたとしたら、どう答えるでしょうか？

少し意識の高い人なら「社会に貢献するため」とか「社会を少しずつよくしていくため」とか「自己実現するため」といった模範解答っぽいものをひねりだす人もいるかもしれません。

でも僕がその質問をされたら「食べていくため」とストレートに答えます。

「じゃあ、ご飯が食べられるなら働かなくていいの？」と聞かれたら、「うん、そうだよ」と即答できます。

働く理由として「食べていくため」以外の理由を付け加えることは蛇足《だそく》だと思うのですが、僕のような率直な解答は、とくに上の世代からすると違和感があるようです。

「汗水垂らして働くことで人は生きていることを実感できる」とか「働くことが生き甲斐じゃないなんて不真面目だ」みたいな価値観です。

でも、そんな人でも**ドバイの石油王の子どもとして生まれ、誕生日プレゼントで黄金のブガッティ・ヴェイロンをもらうような環境で育ったら、「死ぬまで働きたい」とか「どういうキャリアを歩もうか」なんて考えないはず**です。

もちろん「社会とつながりたい」という欲求があることは理解できます。それは僕もそうです。仕事嫌いの僕がいまでも仕事をしているのも、社会との関わりを持っているといろんな体験ができるし、刺激を受けることもできるからです。

ただそれも、**まったくお金に困っていないならボランティア活動でもいいんですよね。**

人はみんな幸せになりたいはずで、幸せな生活を送るためには最低限のお金が必要です。そのお金を稼ぐ手段のひとつが働くこと、というだけの話。

幸せな生活が送れるだけのお金があるならわざわざストレスの多い仕事に就く必要などないし、働かないことを誰かに文句を言われる筋合いもない。

僕はそう思います。

仕事に「やりがい」はいらない

逆に言えば、働くこと自体に幸せを求めすぎるのは少し危険かもしれません。

「自分の好きなことを仕事にしたい」
「いまの仕事にやりがいを感じられない」

最近はこうした理由で転職を繰り返す若者も多いそうです。やりがいのある仕事で稼げればいいのですが、**あまり稼げないのであれば「やりがい」を優先するのはどうかと思います。**

基本的に仕事は辛いものです。体力的・精神的にきついとか、頭を使わないといけないとか、難しい決断をくださないといけないとか、かならずイヤなところはあります。

ましてや会社勤めなら理不尽な命令や非効率的な仕組みに従わないといけないこともあるし、面倒くさい人間関係も、大人としてある程度ソツなくこなさないといけません。

ちょっと前まで日本企業ではパワハラも長時間労働も当たり前でしたから、そういう点ではかなり労働環境は改善されていますが、**ストレスをまったく感じない仕事などそもそも存在しません**。

「転職を繰り返したら理想の仕事に出会えるかも」なんて思っているなら、早めに現実を受けとめたほうがいいかもしれません。

「ライフワーク」と「ライスワーク」を混同しない

仕事は辛いものだからこそお金をもらえます。なんのストレスもなく毎日幸せを感じられる仕事がもしこの世にあるなら、「無償でやります！」という人が殺到しているはずですよね。

これは多くの若い人が陥りやすいワナで、自分が好きなことだとつい夢中になってしまうので、安い給料や長時間労働であっても「おかしい」と思えなくなってしまうのです。「みんながやりたい仕事」には応募が殺到するので給与が低水準でも会社は回ります。「文句があるなら辞めてください。代わりはいくらでもいますから」と経営者が強気でいられるからです。

これがいわゆる「やりがい搾取《さくしゅ》」というヤツです。アニメーターなどがいい例かもしれません。

最初のうちは「楽しいな」と言いながら不眠不休で働いていても、年を重ねるにつれて、体にガタはきているのに自分の生活レベルがまったく変わらないことに疑問を抱き、そこでようやく搾取され続けていたことに気づく人がいます。

働いていた時間がムダだったとは言いませんが、定時で帰れるヒマな仕事をしながら、家で作品をつくり続けるような方法はなかったのかと思ってしまいます。

自分が人生をかけて成し遂げたいことを「ライフワーク」といいます。食べていくためにしないといけないことは「ライスワーク」といいます。このライフワークとライスワークが一致していないと幸せになれないと考える人が多い気がします。

ライフワークとライスワークを一緒にできるのは本当に一握りの人しかいません。

たとえば僕のように倹約生活がまったく苦にならない人なら、好きな仕事だけを選ぶ生き方もできます。

あるいは、起業家やフリーランスとして自分の好きなことをしていれば、ある日突然大金が転がってくる可能性もあります。

夢の実現に邁進するスタートアップ経営者は「仕事をするために生きています」なんて真顔で言えますし、いつか自分の作品が認められることを目標にがんばっているアーティストも、きつい生活を我慢できます。

世界で4億部以上売れている「ハリー・ポッター」シリーズの作者、J・K・ローリングさんはまったくヒットに恵まれず、27歳で生活保護と住宅手当を受けた末に30歳でハリー・ポッターの原稿を書き上げたそうですね。

でも、普通、そこまでの覚悟は持てません。

だとすれば、**仕事は仕事と割り切って、「楽しくはないけどこれなら続けられそうだ」くらいの低い基準で、できるだけ効率的に稼げそうな仕事を選び、オフの時間を自分のライフワークにあてる生き方**が一番無難ではないかと思っています。

いかに「ラクして稼げるか」が重要

まあ、さすがにいまの若い世代では、「人生を会社に捧げるような生き方はダサいし、割に合わなくない？」と感じる人が増えていると思います。

会社を辞めるわけではないけど、自分のことも大事にしたいから最低限の努力しかしない**「静かな退職」**という言葉も流行っています。

基本的に仕事は、それくらいの気楽さでいいんじゃないでしょうか。

ただし、あまりに努力を怠ると、一向に給与が上がらず、30代くらいになって急に焦る可能性があります。

だから僕がおすすめする働き方は、**「いかにラクをして稼ぐか」**です。

これは僕の生き方そのものでもあります。たとえば、こういうことです。

- 会社の仕組みをハックして最低限の努力で出世して給料を上げる方法を探す。
- 同じ仕事をするならできるだけ自分を高く買ってもらえる市場で働く。
- 手間のかかることは二度としないように自動化やマニュアル化する。
- パワハラが原因で退職するなら、診断書をもらって休業手当と失業手当を上限までもらう。
- 起業するなら、最小のコストで最大の利益を生みそうなビジネスモデルを考える。

ラクをして稼ぐと聞くと、「それってなんかズルくない？」と感じる人も多いと思います。ただ、その発想がいかにも日本人だなぁと感じてしまいます。

「ラクするだけ」なら誰でもできます。**でも「ラクをして稼ぐ」には頭を使わないといけません。**ときにリスクをとらないといけないこともあるし、行動力が必要なときもあります。

ラクをして稼ぐことは経営や投資など競争原理が働く社会での本質で、**世の中の経営者をみても、いかにラクに稼げるかを考え抜いている人ほど結果を残しています。**

僕が言う「ラク」とは「効率的」とか「要領よく」という意味。効率的に稼ぐ状態をつくったり、維持したりするためにはある程度の努力が必要なんです。

でも、効率化を考えるのが面倒くさい大半の人は、考えずに済む「真面目にコツコツ仕事に取り組みます」みたいな方向に行くくせに、「ラクしてこんなに儲かる！」と謳う投資話や情報商材にまんまと引っかかったりするのが不思議です。

ひろゆきのつぶやき

「利用しやすい人認定」されたらヤバいですよ！

どんな会社の部署に行っても、やたらと仕事を抱え込みがちな人がいます。本人は「誰よりも仕事をがんばっている！」というつもりでも、よーく見るとまわりから雑用を押しつけられているだけ、うまく利用されているだけ……みたいなことも。

だれでもできる面倒くさい仕事をいくらこなしても、大した評価にはつながりません。面倒くさい作業は周囲に丸投げして、最後のプレゼンだけを華々しく行って認められるような人が先に出世していくわけです。

間違った方向で努力をしたところで、その労力が報われるとは限りません。あなたのやさしさを踏み台に、うまくやる人が出世するなんて、変な話です。

20代、30代と身を粉にして働いたのに、40歳で貯金なし、スキルなし……なんて未来じゃ浮かばれませんよね。あなたのがんばりが報われるように、仕事は戦略的に受けましょう。

仕事が嫌いな人ほど若いうちに稼ごう！

「仕事が嫌いで仕方がない」という人もいるでしょう。もし本当に仕事をしたくないなら、**せめて20代のうちは、さっさとお金を稼いだほうがいい**かもしれません。

僕は大学生のとき、いかに生活コストを抑えるか実験してみて「月5万円で生活できる」ことがわかりました。ということは月に何回かアルバイトをすれば生活はできるけれど、カツカツの生活を続けていたとしても、一生仕事から解放されることもないわけです。

そこで僕が考えたのが「資産運用」。当時の金利で計算すると、金融資産が5000万円あれば、利息だけで月5万円の生活が維持できるとわかったので、20代の目標として「とりあえず5000万円」を目指すことにしたのです。

ちなみに雇われコースで20代のうちに5000万円貯めるのは簡単ではないですが、無理でもないと思います。保険営業や水商売など歩合制の仕事や、超優秀で体力もあるなら外資コンサルや外資系金融業など高収入の会社で働きつつ、倹約生活を送り、なおかつ給与をせっせと投資に回して複利で増やしていけば実現できます。

普通の会社で働いている人でも、本気になれば40歳くらいで3000万円程度の資産はつくれると思うので、そこからどうやって仕事から解放されるかを考えてもいいわけです。いわゆる「FIRE」です。

僕が選んだのは当たればデカい「起業コース」です。自分でネット系サービスを立ち上げたところ、たまたまうまくいきました。その後、会社を何社かつくって、いまでは僕が何もしなくても従業員たちがせっせと稼いでくれますし、金融資産も金利の高いヨーロッパの銀行に預けているので、その利息だけでも十分暮らしていけます。

資本主義では「自動化」が最強の稼ぎ方

資本主義社会で一番ラクな稼ぎ方は、投資や会社経営のように**自分が汗を流さなくても「お金が自動的に生まれる仕組みをつくること」**です。

それができれば人生の選択肢は一気に増え、辛い仕事からようやくおさらばできます。完全にリタイアして質素な暮らしを続けてもいいし、いまの僕のように好きな仕事だけ選んで小遣いを稼ぎつつ、社会と接点を持ち続けるのもＯＫです。

資産運用で重要なのは先ほど書いた「複利」という仕組みです。複利とは投資で得られた利益をどんどん投資（元本）に回していくこと。

利益を元本に回さない「単利」と比べると、最初のうちは微々たる差ですが、運用期間が長ければ長いほどその差は大きくなります。

つまり、**資産運用は「できるだけ若いときから始めたほうがいい」**ということ。

ひろゆきのつぶやき

「THE勤勉な像」に洗脳されてしまった日本国民

「日本人は勤勉な民族だ！」という考え方って、本当なのでしょうか？　実はこのイメージ、富国強兵のために政府が仕組んだプロパガンダだったとか。

農業から産業の時代に入り、「いかに多くの余剰を生み出すか？」で経済力が決まるようになった明治後期。「国力アップのため、朝から晩まで必死に働いてもらいたいなー」と感じていた当時の政府は、秘策を思いつきます。“ある人物”を「勤勉な日本人のお手本」として国民に伝え広めることです。

その人物とは、二宮金次郎（尊徳）。かつて日本のあらゆる小学校に銅像が設置してありました。知ってます？　薪《まき》を背負いながら、本を読んでいる勤労少年──これこそ、政府が広めたかった勤労主義の広告塔です。すっかり洗脳されちゃったみたいですね。

近年「児童労働は時代錯誤」など批判を受けて像を撤去する動きがありつつも、新たな像を新設する小学校もあるとか。まだまだ洗脳活動は続きそうですね。

「仕事はしたくないけど、食べていくためにはお金が必要だし。どうしよう……」と悩んでいるなら、マネーリテラシーの本を読んで勉強してみてはどうでしょうか。「お金に執着しているようでイヤだ」みたいな考え方もあるでしょうが、それはあまりスマートな生き方とは言えない気がします。

実は昔から続いていた「静かな退職」

日本人ってそもそも勤勉なのか？　という議論もあります。日本人がそこまで勤勉ではないことを示唆するデータはいくつかあります。

アメリカのギャラップ社が行った従業員のエンゲージメント（仕事への熱意や職場への愛着）に関する国際調査では、日本はなんと125か国中、最下位です。**いまの職場にエンゲージしていると回答した日本人は、わずか５％。**調査対象国の平均は23％で、アメリカやインドは30％を超えています。

つまり、日本の会社員のほとんどは「クビにならない最低限の努力」しかしておらず、上司や会社にはいい顔をして、裏ではラクをすることしか考えていないというわけ。「静かな退職」は実はずっと続けられてきたということです。

もうひとつ象徴的なデータとしては、日本の成人の勉強時間の短さがあります。

パーソル総合研究所が2022年に実施した調査［※］によると、職場以外で自己研鑽《じこけんさん》（読書・資格や語学の勉強・大学院・ボランティア等）を積んでいる成人の割合は、調査対象18か国・地域のなかで、日本が最下位です。「とくに何も行っていない」と回答した人は全体平均が18％のなか、日本だけ突出して5割を超えていました。

よく考えると「日本人は賢いぞ」の根拠となっているのは15歳時点の学力をはかるＰＩＳＡくらいで、受験勉強が終わると本すら読まなくなるのが日本人。これのどこが「勤勉な民族」と言えるのか、だれか教えてください。

※「グローバル就業実態・成長意識調査2022年」。対象国・地域は日本、中国、韓国、台湾、香港、タイ、フィリピン、インドネシア、マレーシア、シンガポール、ベトナム、インド、オーストラリア、アメリカ、イギリス、ドイツ、フランス、スウェーデン。

「勤労の義務」っておかしくない!?

僕は常々、本当に困ったら、周囲の目など気にせず生活保護を受ければいいという話をしています。せっかく国が用意したセーフティネットを使ったらダメという理屈は成り立たないからです。

それに対してたまに「いやいや。そもそも勤労は国民の義務だろう」と憲法を持ち出して反論してくる人もいます。

日本国憲法第27条1項には「すべての国民は、勤労の権利を有し、義務を負ふ」と書いてあります。「教育を受けさせる義務（受ける義務ではない点に注意）」と「納税の義務」と「勤労の義務」が、日本国民の三大義務と言われています。

「勤労の権利を有し」は理解できます。出自や能力や性別に関係なく、みな平等に経済的に自立する権利があるよ、ということです。でも、それが「義務」と言われると、ちょっと違和感をおぼえませんか？　だって仮に**勤労の義務化の目的が国力増強だとしたら、もうひとつの「納税の義務」を果たせば目的は達成できるから**です。

たとえば資産家の家に生まれた人は、一切働かなくても、親から受け継いだ資産をプライベートバンクや一族の資産管理会社などに運用させて、その利益だけで生活ができます。ではそのような生活を送っている人は「国民の義務を果たしていない不届き者」なのでしょうか？

巧妙に脱税している人たちを除いて、資産家は一般的な国民よりもはるかに多額の税金を国や市町村に納めているはずです。金銭的な意味では、国や地域コミュニティに多大な貢献をしていることになりますよね。

「お金持ちは悪」の考えから、勤労の義務は生まれた

家の手伝いをまったくしない子ども時代を過ごした人なら、親や祖父母から「働かざるもの食うべからず」というフレーズで説教された人も多いことでしょう。

この有名な言葉、日本古来のことわざのような印象を受けやすいですが、もともとは新約聖書[※]の言葉で、そのフレーズを政治的に利用したのが世界初の社会主義国家、ソ連を作ったレーニンでした。

共産主義や社会主義が理想とするのは階級のない平等な社会です。その平等社会では国民全員が労働者（プロレタリアート）となり、同じような団地に住み、同じようなものを食べ、労働に励み、その富をみんなで分配することを基本とします。

このような超中央集権的社会では、「働かないやつには富を分配しないぞ」という考え方になりますし、富を占有したり、富を使って不労所得を得ることは「悪」という考え方にもなりやすいわけです。

でも日本は社会主義ではありません。日本が立脚しているのは資本主義、民主主義、自由主義です。**親から受け継いだ資産が多かろうと、自分の**

※「テサロニケの信徒への手紙二」3章10節に「If a man will not work, he shall not eat.」と書いてある。

力で稼いだお金が人よりも多かろうと、「悪」ではないですから。

会社は「利用」するもの

「自分が所属する集団のために個を犠牲にすることが正しい」といった考え方が日本人のマインドに根深くインストールされているのも、ちょっと厄介です。

フリーランスが仕事に人生を捧げることは、その成果が自分に跳ね返るので、まあよしとしましょう。でも会社は？　人生を捧げても、得をするのは経営者です。

サービス残業がいい例です。正当な対価をもらわないのに「チームのために」とか「上司や先輩が残っているから帰りづらい」と言いながら働く行為は、契約社会の文化に馴染《なじ》んでいる国の人からすればまったく意味が

わかりません。

日本の小学校や中学校で教育を受けた人で、

「クラスの調和を乱してはいけません」

「先生の言うことを聞きましょう」

「一致団結して困難を乗り越えましょう」

といった言葉を聞いたことがない人はおそらくいないでしょう。


それが社会に出ると、コミュニティが「学校」から「会社」に変わるだけ。

「空気を読んで発言しろ」

「上司の命令は絶対だ」

「一致団結して困難を乗り越えるぞ（だからサービス残業しろ）」

と、まったく同じことを言われ続けます。


でも、さすがにいまの若い世代は気づいています。

そんな濃いコミュニティで少年時代を過ごした僕の記憶に鮮明に残っているのは、平日の昼間にいつも家でゴロゴロしているお父さんたちの姿でした。

最初のころは「なんでだろう？」と思っていましたが、当時の桐ヶ丘団地では、半数くらいの家庭が生活保護を受けていたのです。

僕の父親は真面目一辺倒の税務署職員で、体調が悪くても悪天候でも毎日出勤。一方、めちゃくちゃ元気で体力のありそうな同級生の父親は、昼間からお酒を飲んでいる。

必死に税金を集める父。その税金でゴロゴロしている友人の父。笑えるくらい対極的です。

「コツコツ働く父親の背中に影響を受けなかったの？」と思った人もいるかもしれませんが、僕はどちらかというと「決して裕福ではないけど、幸せそうに暮らしている人たち」に影響を受けました。

いまでもそんな価値観のなかで生きています。

ひろゆきのつぶやき

実録！　赤羽の団地で見た「働かない大人たち」

大昔に放送された学園ドラマで、家計が厳しいのに昼間からお酒を飲んでいる親に、担任の先生が「親なら働け！　一生懸命働いている姿を見せれば子どもはまっすぐ育つ！」と説教をするシーンがありました。

ところが僕の少年時代、同級生の親たちの多くは働いていませんでした。その友人たちは、ちゃんとまっすぐ育っています。

僕が育ったのは東京都北区赤羽にある桐《きり》ヶ《が》丘《おか》団《だん》地《ち》という巨大な団地です。僕が住んでいたのは団地のはじっこにあった官舎でしたが、同級生の大半はこの団地住まい。放課後はもっぱらこの団地の敷地内で過ごしました。

僕が子どものころは、各家庭の敷居がめちゃくちゃ低かったので、いろんな大人と出会いました。他人の子どもであろうと悪さをしたら大声で怒鳴られるし、泣いていたら慰めてくれます。

「会社のために死ぬ気で働け」と言われてもその会社がずっと存続するわけでもありません。業績が傾いた瞬間、あっさり切り捨てられる可能性もあります。

経営者は「みんなが経営者なんだ。だからみんなで会社を守れ」とそれっぽいことを言いますが、**いざというとき会社はあなたを守ってくれません。**

あくまでも基準は「自分」。最優先するのも「自分」。自分が望む働き方がその会社でできそうなら「利用すればいい」という考え方に切り替えましょう。

日本人は「世界一」不安を感じやすい

ある大手運用会社が2021年に発表したお金の幸福度に関する国際調査結果〔※〕によると、「経済的に安定しないと幸せではない」と答えた日本人は73％に上りました。香港が77％でトップだったものの、イギリスとドイツは45％、カナダは44％、中国は38％です。

また客観的にはお金があるのに、主観的にはお金がないと捉える日本人の割合は38％で、調査対象国のなかでトップでした。

国連が毎年発表する「世界幸福度ランキング」でも、日本は51位（2024年）。30歳未満に限ると73位という低さで、実にさびしい結果です。

なぜ日本人は幸せを感じにくいのでしょうか。経済のせいとか、財政のせいとか、教育のせいとか、会社のせいとか外的要因をいろいろ考えてしまうかもしれませんが、その理由のひとつは医学的に説明できます。

日本人は不安を感じやすい遺伝子を持つ人の割合が、異常なほど高いのです。

脳内の神経伝達物質セロトニンは、通称「幸せホルモン」と呼ばれ、セロトニンの

※フィデリティ投信による「ファイナンシャル・ウェルネス・スコア」

放出が増えると幸せな気持ちになり、減ると不安やパニックを引き起こします。

脳内のセロトニンを再利用するときに使われる「セロトニントランスポーター」の量がその人の遺伝子によってLL型（大）、SL型（中）、SS型（小）の3種類あります。

LL型遺伝子を持つ人がいわゆる「前向きでストレスに強い人」。SL型やSS型など、S型遺伝子を持つ人はいわゆる「心配症でストレスに弱い人」です。

S型遺伝子を持つ人の割合は日本人約80％、アメリカ人約45％、南アフリカ人約28％だそうです。とくにS型を2つ持つSS型（超心配症）が最も多い国は日本だそうです。つまり、日本人は世界で最も不安を感じやすい民族であるということ。SS型までいくとセロトニンの再利用ができず、慢性的に不安を感じてしまいます。

これは人類の歴史を考えれば納得しやすいデータで、人類がアフリカで生まれたのち、各土地での競争に負けた人がヨーロッパに追いやられ、アジアに追いやられ、アメリカに追いやられたわけです。

僕たちが考える「日本人らしさ」というものも、結局は「心配症」が原因かもしれませんね。「お金がないと不安」と考えるのもそうだし、一人だけ浮いた行動を避けるのもそうだし、空気に敏感なのもそうだし、変革や挑戦に後ろ向きなのもそうだし、命令に従ったほうがいいと考えるのもそう。

いまさら遺伝子は変えられないので、心配症の人は自分の不安とどう向き合うか、ということをもっと意識したほうがいいのかもしれません。

だれでも幸せになれる方法

働き方に関する不安を抱く人は本当に多くて、僕もよく相談を受けます。ただ、そういう人に「じゃあいくらあったらその不安はなくなるの？」とか「どういう状態になったら幸せなの？」と聞いても、ほとんどの人は答えられません。

先ほどの話のように、未来が不安なのはDNAレベルでそうなっているので仕方がありません。世間では超楽観的と思われがちな僕も、実は心配症です。

ただ僕の場合、**将来起こりうる悪いことをひと通り想像してみて、ほとんどのことは「事前にあきらめる」「現実に抗わない」「悪いことも受け入れる」という方法で不安がストレスに変わらないようにしています。**

石橋を叩くというより、「石橋をひと通り確認してから、突っ込んでいく」みたいなイメージです。

ただ僕のやり方はかなり特殊で真似しづらいと思うので、もっと汎用性《はんようせい》の高い、心配症の日本人でも幸せになれる方法をひとつだけ教えます。

それは「とりあえず要《い》らないものを知る」ことです。

物理的な話をすれば、自分が満足できる生活を維持するために最低限必要なものと、そうではないものを自分のなかで線引きしておくことです。

それができると、必要以上にがんばったり、自分を追い込んだりすることが減ります。

僕もさすがに47歳なので、セレブっぽい体験は(他人のお金で)ひと通りしていますが、結論として「僕の人生にはとりあえず要らないもの」と感じました。

せっかくパリに住んでいるので地元の有名なレストランにも何回か行ってみましたが、最終的には「やっぱり自炊が最強」と思って、いまでもせっせとマルシェ(市場)に野菜を買いに行く生活を送っています。近所には高級ブティックもたくさんありますが、洋服で自分を着飾ることに興味を感じないので、新しい服もめったに買いません。いまだにペットボトルのジュースは買わないし、物価の安い日本に帰ったときもコンビニではなく、価格の安いスーパーを使います。

こんな生活をずっと続けているので、もし今後、何か大きなトラブルに巻き込まれて全財産を失ったとしても、「また稼げばいいや。面倒だけど」くらいの気持ちで対処できる自信があります。

そろそろ「お金教」から卒業してみない？

もちろん生きていくためにお金は必要です。お金があれば自由や選択肢も増えます。
でも、**お金が直接幸せを生むわけではありません。**

なので、「お金はないけど幸せだよね」という心境にさえなれれば、仕事や稼ぎの悩みはかなり解消されるわけですが、その境地になかなかなれないのは、**日本人がお金以外に信じるものが少ないからなのでは？**と最近思うようになりました。

日本は無神論者が多い国です。中国、韓国、ロシア、東欧あたりも無神論者が多く、こうした国の共通点として「お金教」の人が多いと感じます。

別に宗教をすすめたいわけではありません。ただ、やはり信仰心の篤《あつ》い国にいくと「あの人は貧乏だったけど幸せな人生を送れたね」と周囲が理解する土壌がある気がします。そもそも日本で仏教が民衆に広まったのも、貧しい農民たちの苦痛を和らげるためです。

でもいまの日本だと「俺は貧乏だけど幸せだ！」と言っても、「どうせ、負け惜しみでしょ」と捉えるお金教の人があまりに多すぎませんか？

「あれ？　結局、お金なのかな……」と自信を失っていく現象が起きている気がしてなりません。

最近、YouTubeでよく見かける、地方で自給自足の生活をするみたいな動きも、

「自然教」という、宗教ではないけれども自分が信じられる道を見つけた人たちと考えることができるかもしれません。

DNAレベルで不安を感じやすいのに、信じるものがない。そりゃ不安になって当然です。

「人と比較しなければいいだけだ」なんて言われても、そんなことは無人島にでもいかない限り無理な話です。

人と比べることは自然なこと。でもそこで**自分に何か信じられるものがあれば、焦ることも悲観的になることもなく、現実を受け入れやすくなるはず**です。

僕はことあるごとに「ラクして稼ぎながら好きなことをやっていれば幸せでしょ」と言ってきました。

膨れ上がりやすい欲求をコントロールしながら、自分の好きなことを「自分の宗教」にしてしまえば、誰でも幸せになれるんじゃないでしょうか。

第3章

「10年後」を想像すると見えてくる日本の将来

日本の人口は「明治時代」まで後戻りする

前章で「働くこととはなにか」について語り、「幸せになる方法」の話もしましたが、将来に対する不安や悩みが完全に消えることはないと思います。

日本の将来がどうなるのかについては、誰しも知りたいはずです。ただ、未来予測がそのまま予想通りになることは基本的にありません。

今後、技術革新の進歩がＡＩや量子コンピュータによってさらに早まることは確実なので、30年後にどんな暮らしをしているのかなかなか想像できません。

しかし、人口統計の予測ならある程度は信用できます。

そして、その人口統計が示す日本の将来は、決して明るいものではありません。

日本の人口のピークは２００４年の1億２７００万人。そこから減少の一途をたどっていて、２０５０年には約1億人、２０７０年には９０００万人を切り、２１００年には７０００万人を切るのではないかと言われています。最悪のシナリオでは２１００年に人口が４０００万人近くまで減り、明治時代の水準に戻るのではないかという予測もあります。

「人口が減ったら満員電車も渋滞もなくなるし、ディズニーランドの行列も減るし、ちょうどいいんじゃない？」と思うかもしれません。

でも、**人口が減ったらそもそも電車の本数や路線の数が減り、道路も整備が行き届かずボコボコ、遊園地も経営が成り立たなくなり閉園するかも……**ですよね。

国にとって人口減少が深刻なのは、経済が縮小してしまうからです。

そもそも日本の高度経済成長も「日本人ががんばったから」とか「日本人が優秀だったから」といった話だけではなく、**おもな要因は「人口の爆発的増加」**です。中国やインドが経済大国に成長したのも人口増加が背景にあります。

終戦を迎えた1945年、日本の人口は約7000万人しかいませんでした。そこからわずか60年の間に約6000万人も増えたのです。

毎年人口が増え、どんな商売をしていても市場が勝手に大きくなって、労働力を投入するほど会社の売上もどんどん伸び、国も税収が増えてウハウハ状態。

ということは、**これからはその真逆のことが起きる**ということです。

日本「オワコン論」は正しい？

僕の育った桐ケ丘団地も、いまや空き家だらけ。団地の商店街はシャッター街になっているそうです。

こうした状況が一地域のみだけでなく、全国規模で起き続ける社会を想像すればわかりやすいと思います。

さらに、人口が減れば税収が減ります。いまでさえ税収不足で毎年赤字国債でしのいでいるのに、さらに税収が減れば従来のような行政サービスは受けられなくなるでしょう。

黒字化するためには収入を増やすか支出を減らすかしかありません。たとえば国民の社会保障費に回すお金が足りなくなった暁《あかつき》には社会保険料が上がるか、医療費の実費負担率が上がるか、あるいはそのダブルパンチを食らうということです。

もし日本に石油やレアメタルなどの希少な資源があれば、人口が減ろうと国の経済力は維持できます。南国にある小さな国のナウル共和国は、島自体が希少な鉱物でできていることがわかってからというもの輸出で大儲けし、国民はまったく働かなくなったのに何十年もの間、国家として繁栄しました。

ただ、このような夢物語は日本では期待できそうにありません。

もし撤退戦で消耗していくのがイヤなら、海外に活路を見出すしかありません。大企業も国内市場だけでは話にならないので、将来性の低い事業は海外のファンドなどに売却し、逆に将来性の見込める海外の会社を買収するなどして、どんどんグローバル化を進めているのが実情。

「日本だけでなんとかしよう」という自国主義の発想は通用しなくなっていきます。

現役世代の負担増で、「少子高齢化」はさらに進む

高齢者の割合が21％を超える社会のことを「超高齢化社会」と言います。日本は2007年に人類史上はじめて超高齢化社会に突入しました。現在の日本の高齢者率は約30％で、2060年には約40％になると予測されています。

都会暮らしの人はそこまで実感がないかもしれませんが、高齢者率が一番高い秋田県はすでに38％まで上昇しています（東京は20％くらい）。

人口が減り、さらに高齢者の割合が増えるということは、次のような**現役世代の負担がいまよりもさらに大きくなる**ことを意味します。

- 日本経済を支える負担（労働者としての役割）。
- 高齢者を支える負担（介護者としての役割）。
- 日本財政を支える負担（納税者としての役割）。

一国の人口を維持する出生率の目安は2・07くらいと言われています。夫婦が2人の子どもを持てば、その夫婦が亡くなっても2人の子どもが人口を補うわけですから当然です。

でも日本の出生率はどんどん下がっていて、2023年には1・20と過去最低をマークしました。2024年はそれを下回ると予想されています。

出生率を上げるには、安心して子どもを産める環境を

国が用意できるかにかかっていますが、高齢者対策に重きをおく自民党は、この問題を長年放置し続けています。

フランスでも1993年から94年にかけて出生率が1・66まで低下しました。でも、シラク大統領の大胆な改革[※]によって、2006年には2・03の水準まで戻すことに成功しています。

そうした成功事例もあったのに、日本は中途半端なバラマキばかりで有効な手立てをまったく打ってこなかったのです。

お金が心配な人は子どもをつくろうとしません。若者たちの社会負担がさらに増えることを考えれば、出生率はさらに下がっていくのではないかと危惧しています。

なかでも、医療費の増加はまったなしの問題です。そろそろ日本も、高齢者のQOLを本気で考え、医療や介護の問題(延命治療や寝たきりの問題など)を見直す時期がきたのかもしれません。

※子どもを産んでも経済的負担が増えないように家族手当を増やす、保育所を無料化する、出産明けに元通りの職務に戻すことを義務化する、の3つの柱。

「エッセンシャルワークの人材不足」は技術の進化で解決しない

社会を維持するために欠かせない職種のことを「エッセンシャルワーク」と言います。たとえば、次のような仕事です。

〈エッセンシャルワークの一例〉

・医師・看護師　・介護福祉士・保育士　・教員
・警察官　・消防士　・自衛隊員
・建設業　・運輸　・物流の運転手
・ゴミ収集　・小売・飲食の接客　・郵便配達員
・第一次産業（農業・漁業・林業）従事者
・電力・ガス・水道・通信の工事士

公立学校で起きている教員不足とその待遇改善は最近よくニュースに取り上げられますが、ほかのエッセンシャルワーカーもすべて不足状態が続いています。ある研究結果によれば、２０４０年には１１００万人分の労働力が足りなくなるそうです［※］。

こうした問題を根本的に改善するためには自動運転技術や無人レジ、配膳《はいぜん》ロボット、建設ロボット、ＡＩ型教材といったデジタル技術を用いた自動化を急ピッチで進めることが必須です。

人手不足の増加ペースに省人化が追いつけるかどうかは正直わかりませんが、コンピュータやロボットが人の仕事を代わりにやってくれる社会は確実にやってくるし、そもそも産業革命以来続いていることです。

ただ、「ロボットに任せれば、すべてＯＫ」で済む話ではありません。

いま起きている人手不足は、労働人口の減少が影響しているものの、根本的な

※古屋星斗『「働き手不足1100万人」の衝撃』（プレジデント社）

原因はこうした業種が低待遇なので誰もやりたがらないことです。

民間企業で言えば、いまやコンビニや建設現場で外国人労働者を見かけない日はありません。これも民間企業としてできるだけコストを抑えたいので、安い賃金でも働いてくれる外国人労働者に頼っているわけです。

これはどの先進国でも見られる現象で、いまニューヨークに行くと、改造しまくった電動自転車でウーバーの配達をしているのも、工事現場で作業をしているのも、ほとんどが南米系の移民の人たちです。

日本の人口は減っていますが、世界人口は毎年７７００万人くらいのペースで増えています。現在は約80億人で、２０５０年には93億人という予測もあります。

移民政策の問題は残りつつも、現実問題として外国人が増えないと日本社会は維持できなくなるので、今後も少しずつビザを緩和していくと予想しています。

先進国のなかでも給与水準が低く、言語習得の難しい日本にわざわざ来てくれるの？　という問題もありますが、**エンジニアや管理職、経営層、研究職など知的労働の分野でも外国人は増えていくかもしれません。**

加えて日本のように年金受給者を労働力として積極的に活用しようとする動きが広がるほど、高齢者は安い賃金でも働いてくれるため、賃金相場が上がりづらくなってしまいます。こうした現象は地方にいくほど顕著なので、もし若い人が地方で定職なりアルバイトを探すなら、高齢者ではできないような仕事に絞って探したほうがいいかもしれません。

「知的労働も自動化される」未来を想定せよ

また、自動化の流れに関して若い人に理解しておいてほしいことは、**自動化は単純労働や肉体労働の領域で起きるだけではなく、高度な知的労働でも起きる**ということです。

保険会社や銀行でも、ものすごい勢いでリストラが進んでいます。「だれでもできる仕事」を自動化するより、「高い給料を払う高度な仕事」を自動化したほうが、会社としてはメリットが大きいからです。以前はそんなことは無理だろうと考えられていましたが、生成ＡＩの登場で前提がガラッと変わりました。

ということは、今後**デスクワーク系の失業者が増える可能性が高い**ということ。そこで職を失った人たちの一部は渋々エッセンシャルワークの領域に流れてくるでしょう。

少し前の話になりますが、２０１７年に損保ジャパンがリストラ策を発表したとき、対象者を子会社の介護サービスに配属させる話が出て「残酷だ」と話題になったことがあります。今後はこのようなことが普通に起きるようになると思います。

こうやって労働力が供給される限り、経営者としては「別に待遇を改善しなくていいか」と判断するのは当然です。

外国人に頼りづらい仕事に関しては、基本的に政府の考え方次第です。公務員はもちろんのこと、社会福祉系の人材を確保するために政府が介入する職種（介護福祉士や保育士など運営者に対して国から補助金が出る仕事）に関しては、いまのところ給与は安くても構わないと政府が判断していると考えることができます。

どうしても人材が不足したら、2024年に教員の給与制度が（わずかながら）改善されたように、**待遇がよくなる可能性はまったくないわけではありません。**

日本人の食を支える農業や漁業でがんばる道もありますが、よほど付加価値をつけてビジネス的にうまく立ちまわらない限り、世界中から安く食料を調達する流れに勝つことは難しいでしょう。

エッセンシャルワーカーとして働くことは全然否定しません。社会に必要な人材なので、いないと困ります。ただ、社会に必要だからいい給料がもらえるわけではなく、むしろ社会に必要だから稼げないパ

ひろゆきのつぶやき

円の価値は上がる？下がる？

いま日本は円安による物価高で、一般の人も中小企業も相当な苦労を強いられています。

日本円で給与が振り込まれる日本人にとって、自分の資産が日本円中心になるのは当たり前ですが、額面上は同じ500万円でも、「いまの500万円」と比べて「将来の500万円」は、価値が目減りする可能性があります。

円安と物価高が続いた未来の500万円では手に入るモノはもっと少なくなっているかも。

将来が不安でせっせと貯金している若い人なら、その一部は外貨預金や外貨建ての投資信託に回してみるとよいのではないでしょうか。

日本の銀行でも外貨預金口座は開設できます。口座をつくっておけば、海外旅行のときに現地で自分の口座からお金を引き出すこともできるので、僕のようにあちこちフラフラしたい人には便利ですよー。

ターンが多いことは覚悟しておいたほうがいいと思います。

もしラクして稼ぎたいと思うなら、サービス業界やエンターテインメント業界、アート業界など、むしろ「最悪、社会になくてもいい仕事」のほうが儲かります。

いま日本で大儲けしているソシャゲ産業もYouTuberも、まったく「エッセンシャル」ではありませんが、エッセンシャルではないからこそビジネスモデルを巧みに構築して、お金を稼ぐことができるのです。

不安なら「10年後」をイメージしてみる

いま書いたようなことは少し考えればわかる未来予測をしているだけで、若い人たちの不安を煽《あお》りたくて書いているわけではありません。

むしろこうした危機感を政治家がまったく持っていないことに対して僕は怒っているし、若者ももっと声を上げてほしいと思っています。

こんな日本で、将来が不安になるのは当然です。

それが大きなストレスとなっている人は、無理に「30年先の社会」みたいな大きなことは考えず、**「10年先の自分のこと」「10年先の会社のこと」、そしてできれば「10年先の業界のこと」を考えてみたらどうでしょう。**

たとえば25歳で実家暮らしのフリーターがいまの生活を続けていいのか不安になったら、その状態で35歳になったときのことを想像してみてください。

「貯金なし、独身、スキルなしの35歳ってヤバくね!? そんな35歳を雇ってくれるところってあるの!?」と気づくことができれば、必死に正社員職を探したり、貯金をはじめたり、資格を取ったりしようと思うかもしれません。

「今の会社のままでいいのかな？」と悩む人も多いです。

そういう人にはとりあえず、**自分より10年上の先輩がいくら稼いでいるのか調べて**

みることをすすめています。

いま自分が手取り18万円くらいで、先輩が30万円くらいなら、会社に多少不満があっても居続けることは悪くない選択かもしれません。逆に10年我慢しても数万円しか昇給しそうになかったら、さっさと逃げたほうが賢明です。

とくに市場自体が縮小しているなら、経営効率の悪い会社からどんどん淘汰されていきます。すでにカツカツの経営をしているとすれば、そこにあまり未来は感じられませんよね。

業界のことに関しても、ちょっと情報収集をするだけでわかると思います。

たとえばテレビ局は僕が大学を出たころは花形の就職先でしたが、いまや広告収入の低下をテレビ以外の事業で補っているような状態で、有能な人からウェブメディアやネット系の映像制作会社などに移っています。

同じく人気だった広告代理店も、人員削減が着々と進んでいます。広告ツールが進化したために、わざわざ広告代理店を挟まなくてもよくなったからです。

とはいえ、いまの日本では大半の業界が斜陽産業ですから、「将来的にヤバそう」という理由だけですぐに転職する必要はないと思います。**ラクに稼げていると思うなら、ギリギリまで残るのもアリ**です。

ただ、そこで重要になってくるのは、**いざというときの逃げ道を持っているかどうか**です。

たとえばいまの50代はバブル期に就職した世代で、まさしく「ラクして稼げる」美味しい思いをしてきた人が多い世代です。でもいまや格好のリストラのターゲットとなっているので、逃げ道を持っていないことに気づき、再就職で苦労している人たちがたくさんいます。

将来が不安な人は、10年後の2035年に自分がはたして転職したり、起業したりできるのか？　くらいは常に考えておいたほうがいいと思います。

「刺身パックにタンポポを置くような仕事」でスキルは身につかない

いざというときの逃げ道を持っておくために意識したいのが「スキル」です。

「刺身のパックに黄色いタンポポを置く作業」を何年も続けても、工場の自動化でその仕事がなくなったら、スキルとしては何も残りません。

「さすがにそんな仕事はしないよ」と思うかもしれませんが、ここで注意したいのが、実は**ホワイトカラー職にも「タンポポを置くような仕事」がいっぱいあること。**

前任者から受け継いだマニュアルに従って人や物を管理するだけとか、その会社でしか使わない業務システムや機械の操作をするだけとか、重大な決断を下しているフリをしながら中身も読まずに「承認」のハンコを押すだけとか、そんな仕事しかやっていなければ要注意かもしれません。

「営業ならどこでも通用する立派なスキルだよね」と勘違いする人もいます。よほどコミュニケーション能力が高く、成績優秀の人なら他社でも評価されるでしょう。

でも平均以下の営業ならむしろ**「なんでわざわざ使えない営業を雇う必要があるの？」と思われるだけ**です。

最近よく聞くようになった「文系人材不要論」も、文系だからいらないというわけではなく、**スキルや専門性に乏しく、強みがよくわからない総合職が社内に増えると経営の足を引っ張るからジョブ型に変えようぜ**、という議論だと思います。

スキルの溜まらない仕事は短期的にやるとか、副業でやるなら構いません。あるいはほかにやりたいことがあって、最低限のお金を稼ぐために割り切ってやるなら構いません。ただ、**本業として続けるのはリスクが大きい**気がします。

労働者としてずっと働いていくのであれば、転職の際にどうしても「年相応のスキル」が求められるようになります。そして求められるスキルは20代、30代、40代と年を重ねるごとに上がっていきます。

「50歳で他社で通用するスキルが何もない」という人が転職しようとしても、警備やマンション管理、清掃、宅配などあまり高度なスキルが求められない仕事くらいしか選択肢が残りません。

「できるだけラクに稼ごう」という僕の主張は変わりません。でも、10年間同じ仕事を続けてもその会社や部署以外で通用するスキルを何も身につけないのは、さすがにマズいのでは……と思います。

たとえばマーケティングの部署で10年働いたことをアピールしたいなら、実績を残すのはもちろんのこと、統計学やデータサイエンスの基礎くらいは勉強して、関連する資格や検定もいくつか取っておきたいところです。チームを率いる経験も必要でしょう。

「選択肢」があれば不安がなくなる

これからの時代はつくづく**複数の選択肢を持っておくことが重要になる**と思います。「バックアッププラン」や「プランB」、言い方はなんでも構いません。「どんな状況になってもなんとかなるだろう」と思えれば、将来を悲観することは減るでしょうし、辛い状況に追い込まれてもすぐに逃げることができます。

選択肢を増やす方法は、次の3パターンあると思います。

① 自ら動いて選択肢を増やす → 日本を出る、スキルを磨く、資格を取る、起業をする、副業をする、人脈を広げる、など

② 気づいていなかった選択肢を知る → いろんな生き方・働き方の情報を知る、転職サイトに登録する、など

③ 捨てていた選択肢を戻す ↓ 慎ましい生活を受け入れる、実家に戻る、生活保護を受ける、など

「自分はこの道で生きていくんだ！」と決め打ちをして突っ込んでいける人なら、わざわざ選択肢を増やすことは意識しなくてもおそらく大丈夫です。

それぐらいの強い信念があれば、逆境に置かれても知恵を絞って自分でなんとかしようとするからです。

でも、**将来が不安で仕方がない人は、とにかく選択肢を狭めない生き方・働き方を意識してみる**といいと思います。

選択肢を増やしやすい状態にするためには、いくつかポイントがあります。

人生の選択肢を増やしていきやすい人には、ある「共通点」があります。

まず、「**開拓力**」というようなものを持っています。それを若いときから鍛え

ていけば、いままさに乗っているレールで行き詰まっても、まったく別のレールに乗り換えやすくなります。

また、これからの時代の超実用的な資格・スキルに関しては、ベースとして持っていると汎用性の高い**「大卒」**と**「英語力」**のカードは強いなと思っています。

次章以降では、このあたりの話を中心にしていきたいと思います。

第 4 章

「うまく生きている人」に共通すること

人間にとって超重要な「開拓力」

周囲に合わせた人生を送ったり、大きなものに依存しながら生きることは、何も考えなくていいので、ある意味ラクではあります。別に流される人生が悪いわけではないし、なんでもかんでも自分で切り開いていたら大変です。

ただ、人生を自分で切り開く力さえ身につけていれば、「なんかちょうどいい選択肢がないなぁ」と思ったときに行動を起こし、選択肢を増やすことができます。

たとえば以前、地方で警備員をしていた人が、「このままではジリ貧だし、環境も変わりそうにない」と気づいて、もともと興味を持っていたプログラミングを独学で学び、IT企業に就職できた……という話を聞いたことがあります。だれかにやれと言われたわけでもなく、自分で考え、**行動を起こし、まったく新しい世界に飛び込むことができる。**これもまさに「開拓力」です。

自分の置かれた環境を憂《うれ》いて「こんな仕事をするしかないなんて、この社会はクソだな」と落ち込んだり不満を持つのではなく、**「いまの自分にできること、何かあるかも」と前向きに考えることから人生の開拓ははじまります。**

では人生の開拓が得意な人に共通することが具体的にどんなものかというと、僕なりに整理してみると次の5つくらいに分けられると思います。

必須だと思う3つを◎、必須ではないけどあったほうがいい2つを○としました。

①独学力が高い→◎
②行動力がある→◎
③失敗を恐れない→◎
④こだわりすぎない→○
⑤人に好かれる力がある→○

それぞれ説明していきますね。

◆共通点①独学力が高い

わからないことに直面したときに自分で調べたり、知っていそうな人を探して教えを乞うことができるか。こうした独学力がいかに重要であるかは、僕の過去の著作やネット配信で繰り返し強調してきたとおりです。

「独学力」は人生を自由に開拓していくために圧倒的に重要で、**「この能力さえあれば、どんな環境に置かれてもなんとかなるんじゃね？」**とすら思います。

僕がインターネット掲示板の2ちゃんねるをつくったときも、そうです。僕は、掲示板サービスなどつくったことはありませんでしたが、インターネットでいろいろ調べながら独学でコードを書き、サービスを立ち上げました。もし僕に独学力がなかったら「エンジニアを雇わないといけないな。面倒くさいな」と思ってアイデアレベルで終わっていたかもしれません。

小学校のときにＢＡＳＩＣという言語で簡単なゲームをつくった経験はありましたが、大学時代にコンピュータサイエンスを専攻したわけでもなければ、名の知れた天才エンジニアだったわけでもありません。

ただ、プログラムを書く基本の作法だけは知っていたので、未経験の言語でもなんとかなるだろうというノリで書いてみたら、実際にできたというだけです。

だからたまに「プログラミングを学びたいけどメンターが見つからない」という相談を受けると、「やらない言い訳」にしか聞こえないんですよね。

現役バリバリのプログラマの大半も、基本的には「独学」で学んだものであって、「プログラミングスクール」のようなものに通う人はほぼいないので。

これは３Ｄモデリング、ＣＡＤ（コンピュータ支援設計：コンピュータ上で２Ｄや

3Dの製図を行う)、動画編集、DTM(デスクトップミュージック：パソコン上で音楽を制作・編集する作業)など、ちょっと前ならプロしかできないと思われていたスキルもすべて一緒。**いまの時代、大半の勉強に必要な情報は全部インターネット上にあり、しかもプロと同様のツールに簡単にアクセスできます。**

何からやっていいかわからない人はYouTubeで初心者向けのチュートリアル動画を探して、見様見真似で簡単なプロジェクトを最後までやってみるといいでしょう。それで基礎を覚えたら、もう少しレベルの高いものに挑戦し、足りない知識は個別にネットで調べていく。

これが「独学の基本」ではないかと思います。

ゼロからのスタートなら、**1日1時間の独学を1か月続けるだけでも、自分でも驚くほどレベルアップできる**はずです。

そうした成功体験を積み重ねていくと、独学力はどんどん鍛えられていきます。新しいことを調べたり、学んだりするときのコツがわかり、学ぶことへの心理的ハードルも下がっていきます。

もちろん受験勉強のように効率的に学びたいなら誰かに学ぶ選択肢もあります。語学学習は相手が必要ですし、スポーツや大工など体を動かすものはコーチがいたほうが習得は早いです。

かといって新たなことを学ぶとき「教えてくれる人が近くにいないから学べない」という発想を持つのは本当に危険です。

これは会社員にも言えることです。仕事をするうえで未経験のことに取り組まない場面は、当たり前のように存在します。そのとき短期間でスペシャリストになれなくてもいいので、せめて自分なりにパパッと調べて「全体像をつかむ」くらいはしたいもの。そうすれば**いまの自分に足りないことや専門家に任せたほうがいいことが見えてくるので、次の最適なアクションが判断できます。**

そもそも「教わっていないからできません」とか「マニュアルがないからできません」を言い訳にする人は、確実に上司から「無能認定」されるので要注意ですよ。

気になったら「即調べる」を習慣に

最終的に独学力の礎《いしずえ》は「好奇心」だと思っています。

僕は昔から好奇心の塊《かたまり》で、「知らないことがあったら、即調べる」ことが習慣でした。いまでも動画配信中であろうと打ち合わせ中であろうと、疑問に感じたことがあったら、頻繁にネット検索をしています。

子どものころは、誰でも好奇心を持っているはずです。みなさんもきっと幼少期に「なんで？」攻撃で親御さんを困らせたでしょう。

でも多くの人は日本的なベルトコンベア式の教育を受けるなかで、好奇心を少しずつ失っていきます。「知らなくても困らないからいいや」「テストに出ないからいいや」「大事なことは大人が教えてくれるはず」と思ってしまうからです。

自分の好奇心や独学力が弱いと感じる人は、「気になったら、まず調べる」習慣をつけましょう。ネット検索すら面倒な人はChatGPTが強い味方です。もしお子さんがいるなら、情報検索の仕方を積極的に教えてあげてください。

ただし、グーグル検索にせよChatGPTを使うにせよ、注意は必要です。

ネット空間には、誤った情報がたくさん存在します。

たとえばプログラム上である機能を実装したいときに、ネットで見つけたコードを真似したら動いたとしても、実はもっと効率的でメンテナンスのしやすい書き方があるのかもしれません。

独学においては自分で軌道修正なり添削ができるかが大事なので、ひとつの情報を鵜呑《うの》みにせずに、別のソースで裏づけをとるような「疑いの目」を忘れないようにすることも重要ですよ。

◆共通点②行動力がある

行動力と開拓力はほぼ同じ意味として使うこともできますが、ここでは行動力とは**「多くの人が躊躇《ちゅうちょ》する行動をサクッととれること」**を指すことにします。

たとえばみなさんが飲食店勤務で、会社として群馬でとんかつ屋の開業を検討していて、その調査を依頼されたとします。ただし土地勘はありません。みなさんならどうするでしょうか？　ちょっと考えてみてください。

……………………はい、時間です。

とりあえず現地調査ですか？　なるほど、正攻法かもしれません。県内でとんかつ屋の需要がありそうな町をいくつか選んで現地入りし、覆面調査をしてみる……みたいな感じですかね。

それはそれで行動力はありますが、もっと行動力がある人はそんな時間とお金のかかることをする前に、群馬のグルメ情報を発信しているサイトを探してその運営者にメールを送り、とんかつ屋開業にあたっての助言を求めるかもしれません。

僕が担当者なら、まず群馬でとんかつ屋を営業している店舗をデータベース化し、**かたっぱしから電話をかけ、「とんかつ愛」をアピールしながら情報を根ほり葉ほり聞き出す**かもしれません。

電話が苦手なら、メールでもいいでしょう。むしろ一斉送信できるメールは量が稼ぎやすいので、最終的に得られる情報量は増えるかもしれませんね。

ネットの世界にこもっている人たちはこうした**「デジタル行動力」のレベルだけは高い人が多い**ので、それもいい武器になるんじゃないでしょうか。

自分の欲求を満たすために平気で他人の時間を要求する。普通に考えたら厚かましいお願いです。でも多少の厚かましさや強引さ、そして断られても気にしない姿勢が、行動力には欠かせません。

「行動するかしないか」の話を、「成功できるかどうか」と混同しない

この行動力の話、恋人づくりとも似ています。

「そこそこ顔もいいし、性格も悪いわけじゃないのに、なんで恋人ができないんだー」と悩んでいる人。そもそも、行動しているんでしょうか。

僕からできるアドバイスは、「待つんじゃなく、いますぐ行動しろ」です。フラれる・うまくいく以前に、告白しないことには状況は変わりません。

イエスだったら儲けもの。ノーだったら次の人を探せばいいだけ。

小学生でもわかる理屈ですが、意外と多くの人ができていません。

行動とは「やるか、やらないか」だけの問題です。「成功する、しない」の問題ではありません。

経営でも、業績のいい会社は従業員の「行動量」を数値化して、普段から大量行動を促すケースが多いそうです。もし「うまくいったか否か」を評価基準にした瞬間、みんなうまくいきそうなことしかやらなくなって、社内でジーッとしている従業員だらけになる可能性があるからです。

行動力にはお金との関係もあると思います。お金が潤沢にある人は課題をお金で解決することに慣れているので、行動力は減っていくように感じます。

たとえばお金持ちがおいしいご飯を食べたいなら、高級レストランに行ったり、近所の名店の料理をウーバーイーツで注文すればいいだけです。でもお金がない人がおいしいものを食べたくなったら、必死にレシピを探して、必死に安い食材を探し求めて、必死に調理スキルを磨いていかないといけません。

とんかつ屋のたとえでも、資金がたくさんある会社なら飲食コンサルを雇って報告書を書かせて終わりです。でもそれでは従業員の行動力は育ちません。

実現したいことはあるのに、リソースが限られている状況なんて最高です。そんなときに行動力は鍛えられていきます。と考えると、**わざわざ不自由や不便な環境に身を置く**のも手かもしれませんね。

◆共通点③失敗を恐れない

いま説明した行動力に密接に関係してくるのが、楽観主義というか、**「失敗を恐れない姿勢」**です。

「ダメならダメでいいや。とりあえずやってみるか」とか「どうなるかわからないけど、ま、なんとかなるだろう」と思えますか？　これ、自分の経験したことがない世界に踏み込んでいくときには大切です。

やはり**失敗を恐れずに挑戦を楽しめる人ほど、自ら人生を切り開くタイミングが目の前にあったときにそれをつかみやすくなる**んだと思います。

これは、知り合いから聞いた話です。美容師10年目、自分の顧客も順調に増えて、「独立」の二文字が頭をチラつきはじめた女性がいました。

そんな彼女にある日、同業の美容室経営者から「そろそろ引退したいから、店を譲ってあげてもいいよ」と言われたそうです。ふつうに考えて、大チャンス。

でもその彼女は「経営のノウハウとか知らないし」「独立するならやっぱり自分の力で」「お世話になった先輩たちに申し訳ない」といった、「やらない理由」ばかりを並べて、一生に一度しかないような好オファーを断ったそうです。

「独立するために、いままで安い給料でがんばってきたんだよね？　いきなり全部手に入るのに、断るんだ？　マジで？？？」

と僕は思いましたが、不安が勝って現状維持を選ぶ人も多いんですね。

もちろん根っから心配症の人はいます。それでも小さな冒険や小さな挑戦を繰り返すことで、少しずつ認識は変えられるはずです。

「ま、なんとかなるんじゃね？」の気持ちで

たとえば、海外旅行。初心者ほど日本語が通じそうな国に行ってしまうわけですが、ベテランの域に達すると、南米や中央アジアなど普通の観光客が行かないようなディープな場所に進んで行きます。

それは「言葉がほとんど通じなくても、なんとかなる」という経験を積んでいるからです。

将来に対して不安を感じたり、未知のものをこわがったりすることは生存本能として自然なことです。むしろそういう脳の特性が備わっていたからこそ、ホモサピエン

スはここまで種を残すことができたわけですよね。

でも、同時に、**人間はほかの動物にはない「高度な知性＝失敗から学ぶ力」を持っています**。失敗が多ければ多いほど、早く成長していくということです。

不安が邪魔をして前に進めないなら、最悪のシナリオを考えてみましょう。

転職した先がブラック企業だったら？　退職代行を使って会社を辞め、失業保険をもらいましょう。

新しいスキルを身につけようとしてその適性が自分にないと気づいたら？　さっさとやめましょう。ほかのことにチャレンジすればいいだけです。

「あれ？　案外、なんとかなるもんだな」と思うかもしれません。

はい、大体のことはなんとかなります。

命に関わるリスクでも取らない限り、ほとんどのことはリカバー可能です。興味を持ったことはどんどん挑戦していけばいいと思うし、試行錯誤の人生のほうが断然面白いですよ。

◆共通点④こだわりすぎない

あまり細かくいろんなことにこだわりすぎないことも、人生では重要だと思います。

無数の選択肢が消えている原因は、「自分のこだわり」だったりするからです。

たとえば普段は都会の高級店でしか外食をしないような人が、たまたま地方都市に出張になったとします。着いたのは、ホテルのレストランが閉まった夜遅く。外に出たらどこも閉まっていて、昔ながらの居酒屋しか開いていません。

こういうときにセレブな生活にこだわりすぎる人は、「こんな貧乏人の店に行けるか！　食べるものがないじゃないか！」と言ってストレスを溜めます。

でも僕のようにそもそも高級店にあまり興味がない人間からすれば、「地元の人と話ができそうだし、ビールと焼き鳥があれば最高じゃん」と感じます（僕はケチなので、だれかのおごりではない限り外食はしませんが）。

仕事選びもそうだと思います。「なんでもいいから仕事がしたい！」という人に限って、「清掃は汚いからイヤだ」「警備員は知り合いに見られたら恥ずかしいからイヤだ」とブツブツ言いながら求人情報を延々とスクロールしていたりします。

大企業で部長職についていたような人が、定年後のセカンドキャリアで悩む話もよく聞きます。会社員時代は年収１２００万円もらい、部下を何十人も率いて、週末は取引業者とゴルフ三昧。

そんな過去を持つ人が新たなチャレンジをするとなったときに、「社会的に成功した自分」というセルフイメージをなかなか壊せないそうです。

本当にビジネスパーソンとしての市場価値があるなら、いまの会社に監査として残ったり、他社から役員への引き合いがあったり、自分の知見をネット上で売るようなこともできそうです。

でも「そうなっていない現実」には目を向けずに、ハローワークで管理職の応募ばかりに目が行ってしまい、なかなか転職先が見つからないか、あるいは就職しても長続きしないといったことが多発します。

人の価値観に洗脳されてない？

理想を追い求めることは悪いことだと思いません。そもそも物事に対してなんのこだわりもなかったら、自分が置かれている境遇に満足して自分で人生を開拓しようなんて思わないでしょう。

ただ「選択肢がないぞ」と感じたときには、自分の理想像に対して「それって本当

にこだわる価値があるの？」と考えてみるといいかもしれません。

学校は通わないといけない。
大学を出たら正社員にならないといけない。
お金はたくさん稼がないといけない。
友だちはたくさんいないといけない。
空気を乱さないように周囲に合わせないといけない。

……本当にそうですか？

こうした考え方も、いつの間にか信じ込まされていた「捨ててもいいこだわり」なのかもしれません。そうしたこだわりの眼鏡を一度外してみたら、「こんなに選択肢があったんだ！」と驚くかもしれませんよ。

◆共通点⑤人に好かれる力

僕の彼女は、どんな国に行っても地元の店で店員さんとすぐに仲良くなる特殊な能力を持っています。パリでも買い物に行ったとき、「クッキーもらってきちゃった」「有料のコーヒー豆なのに、タダでくれたよ」とニコニコしながら帰ってきたことは一度や二度ではありません。

なぜ彼女がそこまですぐに人と仲良くなれるのか正直理由はわかりません（笑）。

ただ、すぐにピリピリした雰囲気を出す人よりも、**おおらかで自然な笑顔を出せる人には周囲も好意を持ちやすい**と感じます。

「人に好かれる力」や「相手のガードを下げる愛嬌」などを持ち合わせていることは、生きていくうえで必須とは言わないものの、**万国共通の強み**だと思います。

就職の面接時に有利なのはもちろんのこと、営業や接客業の適性も高いので、それだけで選択肢が広がりそうです。

会社員として仕事をするにしても、愛嬌のある人なら（実務能力が低かったとしても）だれかしら助けてくれるし、上司も大目に見てくれるかもしれません。

「アイツ、なんか憎めないんだよな～」というポジションを取りやすいのです。

愛嬌の威力は、中堅になったら消えるわけでもなく、そういう人ほど周囲の人の使い方が上手になるので、**部下のやる気や主体性を引き出すタイプの上司になる場合もあるみたいです。**

「好かれる人」は当たり前のことをしている

「ただしイケメンに限る、とかじゃないの？　結局」とか言っている人は、書店にたくさん並んでいる「営業テクニック」や「雑談テクニック」系の本を読んでみるといいかもしれません。

実際に読んでみればわかりますが、**だいたい同じことが書いてあります。**

それは、**「挨拶」と「笑顔」。**

幼稚園児かよ！　と思われるかもしれませんが、こんな「当たり前すぎること」が超大事なんです。あまりに簡単すぎるので、試してみる価値はありますよね。

ちなみに、僕がだれかとの距離を縮めたいときは、テクニックよりも、**相手の心理的ガードが下がりやすい環境を利用する**ことが多いです。

たとえば喫煙所。

以前、KADOKAWAの代表取締役だった川上量生《のぶお》さんの結婚式に参列したときのことです。

円卓に座っているだけだと同じ卓の人としか交流できないと思ったので、4分の3くらいの時間を喫煙所で過ごしました。**川上さんほどの方の結婚式な**

ので、喫煙所にもさまざまな分野の著名人がやってきます。

いままで会ったことがないビッグネームの方であっても、僕がやることは「こんにちは。ひろゆきです。はじめまして」と言うだけ。

相手もタバコを吸いにきているわけですから、最低3分くらいは時間があるわけで、**自然と会話がはじまります**。

「喫煙者」というだけでなんとなく「タバコ仲間」な意識が生まれるのも利点で、この方法は、海外でもよく使っています。

あ、ちなみに喫煙をすすめているわけじゃありません（笑）。

コミュニケーションに自信のない人からは「初対面の人とうまく話せないんです」という相談をよく受けます。こういう相談をする人は、おそらく**「会話を盛り上げるためには面白いことを言わないといけない」と思い込んでいる**んだと思います。

実際には逆で、会話を盛り上げたいなら、**こちらから質問をして相手に話してもらえばいいだけ**。話し上手は聞き上手といいますよね。基本的に会話のきっかけは質問です。

とくに初対面だったらお互い「知らないことだらけ」なわけですから、「質問が浮かばない」なんて考えられません。出身でも職業でも近況でも夢でもなんでもいいので、とりあえず質問を一個投げましょう。で、自分でも広げられそうな話題が相手から出てきたらそれを広げ、話題が一段落したら別の質問を投げる。

その繰り返しで、いくらでも会話のラリーは続きますよ。

第5章

キャリア選択の幅を広げる「最強の資格」はコレ！

「就職に役立つ資格」はコレだ！

仕事の選択肢を広げたい。より高い給料の仕事がしたい。あるいは人生の一発逆転をしたい。

そんなときに多くの人が考えることは、資格を取ることかもしれません。

参考までに、「日本の資格・検定」というサイトで発表されていた「就職に役立つ資格・検定ランキングTOP30（2024年度版）」は次ページのようになっていました。

運転免許を除けば、**いずれもひとつのことを長時間勉強して、何かしらの専門性を身につけたことの証明**であることが伝わってきます。

これこそ、まさに資格の強み。

資格というものは基本的に、他人が見ても「その道のプロ」とわかるよう、専門性にお墨つきを与えるもの。

就職に役立つ資格

就職に役立つ資格・検定ＴＯＰ30

1位	日商簿記検定
2位	TOEIC® Listening & Reading Test
3位	宅地建物取引士（宅建士）
4位	ファイナンシャル・プランニング技能検定／ファイナンシャル・プランナー（AFP/CFP®）
5位	実用英語技能検定（英検）
6位	マイクロソフトオフィススペシャリスト（MOS）
7位	社会保険労務士（社労士）
8位	看護師
9位	自動車運転免許
10位	介護福祉士

11位～30位までは以下のとおり

行政書士、税理士、秘書検定、介護支援専門員（ケアマネジャー）、公認会計士、保育士、日本漢字能力検定（漢検）、薬剤師、TOEIC® Speaking & Writing Tests、ITパスポート試験（iパス）、危険物取扱者、TOEFL®、医療事務、電気主任技術者、基本情報技術者試験、司法試験、消防設備士、登録販売者、司法書士、医師

たとえば、長年にわたってワードとエクセルを実務で使いこなしてきた人でも、転職時の面接で「パソコンは得意です」としか言えなければ、アピールに欠けてしまいます。逆に**あまり事務経験がなくても「MOSの資格持っています！」と言える人のほうが、客観性が担保され、高く評価されるのが資格の強み**です。

「この資格を取れば安泰」は時代遅れかも

ただ、資格に関して僕がよく感じることは、「この資格を取れば将来安泰」という考え方自体が、もしかしたら時代遅れかも、ということです。

たとえばカラーコーディネーターの資格を取ったところで、そもそもカラーコーディネーターという仕事はありません。

配色に関するスキルはインテリアデザイナーやプロダクトデザイナー、ＣＡＤオペレーター、ウェディングプランナー、フラワーアレンジといった、デザイン系の仕事に就く人が持っていたら有利な「知識」というだけで、資格を持っていなくても総合的なデザイン力で評価される世界ではマストな資格ではないかもしれません。

もちろん、就職で大きなアドバンテージになる資格はあります。**医師や司法試験（弁護士、検事、裁判官）、公認会計士、司法書士、税理士、不動産鑑定士のような最難関の国家資格になれば、将来生活に困るようなことは考えにくい**でしょう。

ただ、それでも**ＡＩの発達と普及によって仕事が減ったり、収益化が難しくなることは十分考えられる**ことです。

たとえばＤＸ先進国のエストニアでは税務処理の自動化がどんどん進んで、税理士の需要が激減しています。

訴訟社会のアメリカでは弁護士がたくさんいるわけですが、過去の判例に基づくアドバイスならＡＩのほうが圧倒的に早く手軽なので、アメリカ社会全体として賃金が上昇しているのに弁護士の収入は下落しているそうです。

免許取得のハードルが高い日本の薬剤師も、結局やっていることは薬に関する膨大な知識を暗記することと調剤なので、ＡＩとロボットに置き換えたほうがはるかに正確で早く業務を回すことができます。

人間の薬剤師がいきなり「全部不要！」となることは考えられませんが、規制緩和に伴い、**採用の門戸が狭まっていく可能性はかなり高い**と考えられます。

大事なのは事前の見極め。「何十時間、何百時間もかけて資格を取ったところでそのコストに見合うリターンはあるのか？」という冷静な判断が必要になると思います。

海外では大学が「専門性の証明」になる

日本では自分の専門性を証明するために資格を取るということが一般化していますが、アメリカやヨーロッパなど海外の多くでは「大学」がその機能を果たしています。

欧米では採用にあたって日本企業のように「この子は筋がよさそうだ」とか「鍛えがいがありそうだ」といった感覚的な採用の仕方はせず、応募者の出身学部や専攻をしっかり見ます。

たとえばアメリカでプログラマとして働きたいなら、大学でコンピュータサイエンスを専攻しているのが大前提。そもそもアメリカには世界中から超優秀なプログラマが集まってくるわけですから、日本のＩＴ企業のように「未経験者歓迎！」「文系の学生でもＯＫ！」みたいなことはありません。

もし文系出身の人がアメリカでプログラマになりたいなら、大学に入りなおすか、日本企業でかなりの経験と実績を積んでヘッドハンティングされるくらいの力を身につける必要があります。

フランスでもやはり大学時代の専攻と応募職種が一致していないとまず受かることはありません。学生時代に自分のやりたいことが見つかった人は、必要に応じて学部を変えたり、学校を変えたりしています。社会人になってから大学に入りなおす際は、フランスでは4年かかってしまうため、3年で学士が取れるほかのヨーロッパの大学を選ぶ人もいます。

リカレント教育（大人の学びなおし）は、海外では常識なのです。

日本の高校生が大学受験をするときは大学の知名度を優先し、学部に関してはいまの自分で入れそうな学部を選ぶパターンが多いかもしれません。

ただ、もし将来的に海外に出る選択肢を残したいなら、自分のやりたいことは高校生までの間に見つけておくか、ホワイトカラーを目指すなら最初から経営学部や商学部のように汎用性の高い学部を選ぶといいでしょう。

やりたいことがない人におすすめの「簿記」

「専門性と言われても、やりたいこと自体がないんです」という人も多いでしょう。

そういう若い人に**僕がよくすすめているのが簿記の資格**です。税理士や公認会計士を狙える頭脳を持っている人なら学生時代をその勉強に全振りする方法もいいですが、

そもそも大学に行っていないとか、コスパよくキャリア上の強みを身につけたい人には簿記はなかなかいい資格

だと思います。

２０１１年の統計では、日本には約３６８万社もの企業があり、事業所を含めると約５１６万事業所、さらに国や地方の公共団体を含むと約５２９万事業所もあります。

これらの事業所すべてで必要になるのが、数字を扱える経理担当です。

どれだけ会社の業績が悪くて人員整理が必要でも、経理を切ることはできません。営業職や製造ラインはいくらでも代わりが利いても、経理の即戦力はなかなか見つかりません。

それに会計ソフトが進化して経理業務が効率化されたとしても、そのソフトを扱う従業員は常に必要です。**しかも会計ルールは世界共通なので、会社を辞めてもすぐに転職できます。**

経理職の若手はひたすら記帳や従業員の経費精算など地味な仕事をすることになるでしょうが、お金に関する知識をコツコツ学んでいけば、早いうちから経営感覚も身につきます。

頭角を現せば、資金調達や銀行との折衝《せっしょう》など、経営の中枢《ちゅうすう》の仕事もできるかもしれ

ひろゆきのつぶやき

「1日1時間」使ってオトクな資格を取ろう

日本には日商簿記、全商簿記、全経簿記の3種類があります。このうち一番知名度が高く、企業側の評価も高いのは日商簿記です。

全商簿記は高校生向けの資格で、商業高校の生徒が大学受験のとき、推薦をもらうための最低ラインは全商1級。これは日商簿記の2級に相当するレベルだそうですから、興味のある方はまずは日商2級を目標にしてみたらどうでしょうか（それ以下だとそもそもアピールにならないとか）。

通信教育のユーキャンによると、初学者が日商2級に受かるための勉強時間の目安は350〜500時間だそうです。普段、スマホやゲームで浪費している時間のうち、たった1時間だけでも勉強に回せば、1年ちょっとで受かるんですね。

ません。するとさらに転職が有利になるわけです。

最強の資格は「大卒」と「英語力」

簿記の話は将来やりたいことが決まっていない人に向けたひとつの例にすぎません。数字が苦手な人もいるでしょうから全員に当てはまるとも思っていません。

これからの時代を「楽しく生きる」にせよ「しぶとく生きる」にせよ、僕が若い人全般におすすめする資格・スキルは2つあります。

それは「大卒カード（大学卒業資格）」と「英語力」です。この2つを持っていることは絶対に有利です。もちろんこれらがなくても人生で幸せをつかむ選択肢はいくらでもありますが、将来の不安を少しでも軽減したいなら、大学を卒業することと、英語を勉強しておくことをおすすめします。

この2つの強みを持っていることで、人生の選択肢にめちゃくちゃ大きな差が生まれると思っています。

英語については次章で単独で取り上げるので、ここでは大学について話をしておきますね。

「大学不要論」は強者の論理

「日本の大学に行ったところでどうせ勉強しないんだから時間と金のムダ」

「大学に行かなくても社会的・経済的に成功する方法なんていくらでもある」

「社会人として成功するスキルは大学では教えてくれない」

最近、こういった意見を耳にします。

これを真に受けると危険です。

こういう意見を声高に語る人に限って、めちゃくちゃ優秀で、道なき道をゴリゴリ切り開けるサバイバル能力マックスの人だったりします。つまり、**「学歴」というものに一切頼らなくても、自分の能力やスキルでお金を稼げる人たち**です。

でも、残念ながら世の中のほとんどの人は、僕を含めて凡人です。そんなすごい能力を持ち合わせていません。

そんな普通の若者が「大学なんてムダだ」という言葉を信じて大学にいかないとどうなるか？　就きたい職業が見つかって採用面接に行くと、「ああ、高卒ですか」と一蹴される可能性が高いわけです。

かつてソニーは採用プロセスにエントリーシートを導入し、出身大学を一切不問としました。その取り組みを他社も積極的に真似するようになったことで、まるで日本では「学歴社会なんて過去のことでしょ」といった印象を受ける人もいるかもしれません。

学歴に頼らない生き方が選択肢として増えたのは事実です。でも、**学歴社会自体がなくなったわけではありません。**

そもそも公務員だってそうですよね。公務員のなかでもハイキャリアの国家公務員総合職を目指す場合、「大卒」以上の学歴が必要です。大卒資格と高卒資格の待遇差（初任給の違いなど）も歴然としてありますし、社会全体もそれが悪だと思っていないので（社会人でも大学に行ける時代なので）、しばらくは是正《ぜせい》される可能性は低いんじゃないでしょうか。

海外は日本よりも「露骨な」学歴社会

海外はどうなのかというと、実は**海外のほうがはるかに学歴社会**だったりします。

海外で働きたいと思っても、そもそも大卒でないとビザが降りないなんてことはザラ。結局、どの国もできるだけ優秀な人材に自国で働いてもらって自国経済を強くしたいと思っているわけで、**判断基準のひとつが「学士（＝大卒資格）」**なのです。

またアメリカでもフランスでも会社で管理職として出世したいなら、大学院を出ていることが大前提。

上司に忠誠を尽くし、上司を出世させれば自分も出世できる日本の会社とは大違いです。

欧米の会社では、高卒者がホワイトカラーになることはそもそも無理ゲーに近いですし、学士の資格者ですら、基本的に一般職に就くことしかできません。

日本のような「たたき上げ」の制度もないので、出世して高給取りになりたいなら一度会社を出て大学院に入るか、自分で会社を興《おこ》すしかありません。

意外!? メリットも多いFラン大学

日本では高校卒業後の進路として専門学校という選択肢もあります。「名前を書けば受かるFラン大学に行って遊びまくるより、専門学校で2年間、ひとつのことをみっちり学んだほうが将来の役立つのではないか」という考え方もあるでしょう。

でも僕に言わせれば、**専門学校に行くのもいいですが、奨学金を借りてでもFラン大学に行くほうがもっと役立つ**と感じます。

理由は2つ。

ひとつは先ほど言ったように**「大卒」資格のほうが就職の選択肢が広がるから**です。

専門学校はたしかに高等教育機関のひとつではありますが、アメリカだと「Vocational School」。「職業訓練校」くらいの意味です。

ひろゆきのつぶやき

プログラマを目指すなら、独学でOK

「プログラマになりたいので専門学校に行くことを考えています」といった質問がよく来るんですが、必要ないんじゃないかと思います。

プログラミングスキルは、自分でつくりたいものを決めて、それを実現する方法を自分で調べながらコツコツ続けていれば、勝手に身につくもの。授業形式で人から教わるものではありません。

それにプログラミング言語は日進月歩なので、長くプログラマを続けるために必須なのは前章でも触れた独学力です。

だとしたら独学で身につけていくか、いまの自分でも入れそうな大学のコンピュータサイエンス系の学部に入って将来的な選択肢を広げておき、学生の間にＡＩを使ったスマホアプリのひとつやふたつをつくって実績を積み上げておいたほうが、はるかに就職で有利になるんじゃないでしょうか。

もうひとつは、日本の専門学校は即戦力育成を前提にしているので、学ぶことは基本的に実務に近いことです。だとすれば18歳から現場で見習いとして働けば、たとえ給与は安くても、勉強ができてお金ももらえて「一石二鳥」です。

仕事に余裕が出てきたら、通信制の大学などで学士を取る選択肢もありでしょう。

「学士」こそ、ラクして取れるコスパ最強の資格

しかも日本人にとっては幸いなことに、いまの日本の大学受験ではペーパーテスト不要のAO入試や一芸入試のような新しい選抜方法もあります。

そして**一度入学してしまえば、たいして勉強しなくても卒業できるのが日本の大学の「よさ」**でもあります。

日本の大学生の中退率は年間たったの２％くらいだそうです。しかもそのうち学力

不振が原因で退学した人は7%ほど。ほかの大学に転籍するとか、やる気がなくなって欠席しまくり単位落としまくりとか、就職や起業をしたとか、経済的に厳しくなったといった理由がなければ、**ほぼだれでも学士の資格はとれます。**

さらに、**日本企業は採用時に学生の人柄や適性を重視するため、成績を一切見ない会社がほとんど。**最近は成績を見る会社も少しずつ増えているようですが、主流にはなっていません。

ちなみにアメリカの会社に若手が就職するときは、GPA（成績平均）は最優先項目ではないものの、足切りの材料などで使われます。

ちなみに、関係者から聞いた話ではありますが、日本の大学としては欧米の大学のようにやる気のない学生をどんどん振るい落としたいそうですが、それをすると文科省から「成績が悪いのはお前らの教育が悪いせいだろ！」と文句を言われるので、泣く泣く卒業させているということもあるようです。

「仕事の能力がないのは、お前らの会社の教育が悪いせ

いだろ！」と怒られる解雇規制とまったく同じ理屈です。

なので、日本の大学のゆるさは当面、変わりそうにありません。

そう考えると、**日本の学士（大学卒業資格）は、いまの日本でもっともコスパのいい資格**ですよね。

優秀な人間は「海外大学」を目指せ

Ｆラン大学の話は勉強があまり得意ではないとか、趣味やスポーツなど勉強以外に熱中したいことがある人に向けた話です。

小さなときから塾に通って、進学校で勉強漬けの生活を送り、国立早慶あたりの日本のトップ大学を目指している若者もたくさんいるはずです。

国立早慶くらいの学歴があれば、日本国内においては就職や転職の選択肢が増えるのは間違いありません。えり好みさえしなければそこそこの年収を得ることも難しくないでしょう。

ただ、3章で書いたような日本の未来を考えると、**日本の一流大学を狙える知的水準があるなら、多少ランクを下げても海外の普通の大学に通ったほうが、もっと選択肢が増える**のではないかと思っています。

海外の大学に進学するメリットを書き出してみます。

- 世界中に人脈ができる
- 就職先が世界規模に広がる（高報酬を狙える）
- 語学力が高まる
- 受験勉強の時間を自分のやりたいことに使える
- 日本企業で働くことになっても学歴で不利にならない

とくに重要だと思うのが、1番目の「人脈」です。

最近は日本でも例外的に英語で授業を行うケースも出てきましたが、日本の大学は基本的に日本語で授業を行います。それはそれで日本人にとってはメリットではあるのですが、反面、「井の中の蛙《かわず》」的なコミュニティになりやすいのも事実。

一方で、海外に行くと、授業はその国の母語ではなく英語で行う学校が多くなります。ということは、世界中から学生が集まりやすいということ。必然的に**同級生が世界中で活躍する**ことになります。

僕が1年間留学していたのはアメリカのド田舎の大学ですが、それでも当時の同級生たちはヨーロッパや東南アジア、アフリカなど世界各地に散らばっています。

学生時代の親密度にもよりますが、場合によってはビジネス上必要な情報を交換したり、移住にあたって助けを得たりすることもできるわけです。

日本人にとっては「人脈を広げる」とは異業種交流会に行って名刺交換すること、みたいなイメージが強いかもしれません。でも海外の大学で構築できる人脈の広さは、そんな小さなレベルではありません。

何も、スタンフォードやハーバード、MIT（マサチューセッツ工科大学）、ケンブリッジ、オックスフォードなど、世界のトップ大学を目指せという話ではありません。

こうした学校に行けるのは基本的にIQがずば抜けて高い、いわゆるギフテッドの子どもで、なおかつその才能を存分に伸ばす教育環境に恵まれた若者たちです。

学校の勉強はできて当たり前。幅広い教養があり、対話能力が高く、スポーツや芸術の才能もあり、社会的課題にも日常的に取り組んでいて、人格的にも素晴らしい。まるで漫画の世界に出てくるような神童がしのぎを削って入るのが世界のエリート大学です。

東大理Ⅲに入る学力があったとしても、受験勉強しかやってこなかったような日本の高校生はまったく相手にされません。

でも、**ランクを下げれば日本の高校生でも入れる海外の大学はたくさんあります**。とくに日本の中高で扱う数学のレベルは世界的に見ても異常なほど高いので、学校の授業を真面目に受けてきただけでアドバンテージがあります。

安い学費の海外の大学もけっこうある

「そうは言っても、海外の大学って学費がお高いんでしょ」と頭を抱える方もいるでしょう。でも実は、大学の学費が異常に高いのは、おもにアメリカの話。

むしろ、**日本の大学より学費が安い学校はいくらでもあります。**

たとえば**ヨーロッパならハンガリーやチェコ、スロベニアなど。東南アジアだとマレーシアやフィリピンも学費が安い**です。

それに海外の大学で学ぼうとする若者を支援する返済不要の奨学金制度もあります。

おもな例を次ページに挙げておきます。

海外の大学進学を応援する制度・基金

■JASSO海外留学支援制度（日本学生支援機構）

■グルー・バンクロフト基金奨学生（グルー・バンクロフト基金）

■リクルートスカラシップ　学術部門（江副記念リクルート財団）

■重田教育財団海外留学奨学金（重田教育財団）

■柳井正財団海外奨学プログラム（柳井正財団）

■笹川奨学金（笹川平和財団）

■エン人材教育財団海外進学奨学金（エン人材教育財団）

■東進海外大学留学支援制度（ナガセ）

これらは対象校が指定されるケースが多く、非常に狭き門ではありますが、こうした制度もあるということです。**「裕福ではなくても海外の大学に行ける」という選択肢がある**ことは、ぜひ知っておいてほしいです。

僕の住むフランスでも、国立大学では国から補助が出るので、年間数万円の授業料負担で済みます。日本出身の学生はそこまで安くありませんが、たとえば大学に入る1年前にフランスで語学学校に通えば、フランス人と同等の補助を受けられる制度などもあります。

海外の大学は勉強量がハンパではなく、卒業できる保証もありません。

でも、**人生が大きく変わる可能性を秘めています。**

勉強があまり苦ではないと感じる人や、知識の吸収は早いと自負している人は、海外の大学に行くことも検討してみるといいんじゃないでしょうか。

第 6 章

「英語力」で
日本を飛び出せ！

カフェバイトで月50万！　空前の出稼ぎブーム

ワーキング・ホリデーが若者たちの間で話題になりはじめたのは、２０２２年の夏あたりでした。最初はSNS上で情報が拡散し、それをテレビが取り上げたのが２０２３年。今年（２０２４年）に入ると希望者が増えすぎて、せっかく渡航しても仕事が見つからない状況にまで過熱しています。

ワーキング・ホリデーとは若者（18～30歳）が1年を上限として海外に行き、現地でアルバイトができる特殊なビザのことです。日本人は日本政府が協定を結んだ国にしか行けませんが、２０２４年6月時点で協定国は29の国と地域で、今後も増えていくことでしょう。

制度自体は１９８０年からあり、最初の協定国はオーストラリアでした。この制度を使って海外経験を積む若者は毎年１～２万人いましたが、ここにきてことさら話題になっている理由は、**アルバイトでも得られる「高い報酬」**です。

2023年にNHKの『クローズアップ現代』で取り上げられたオーストラリアの事例を見ても、カフェのバイトで月収40～50万円、1日6時間ブルーベリーを摘んで月収50万円、介護アシスタントをして月収80万円といったように、**日本の給与水準とは比べ物にならない高報酬**を得る若者が紹介されました。

従来、ワーキング・ホリデーで海外に行く若者たちは「1年間遊ぶため」とか「語学留学のため」といった理由がメインで、「出稼ぎのため」という若者はほとんどいませんでした。かつては、日本で働くときと報酬に大差がなかったからです。

しかし、近年オーストラリアの平均賃金が上昇したことに加えて日本円の価値が下がったことで、「あれ？ 日本で働くことってバカバカしくね？」と気づいた若者がこぞって同制度を使い出したのです。

「そうは言っても、1年間の短期バイトでしょ？」と思う人もいるかもしれません。

たしかに1年で稼げる額には限度がありますが、**ワーキング・ホリデーの利点はそこだけではありません。**

専門的なスキルを持っている人なら滞在中に現地で就職先を見つけ、その企業がスポンサーとなって就労ビザを取得することができます。

もし就労ビザが取れなかったとしても、現地で貯めたお金で学生ビザに切り替え、その後現地で就職先を探すような選択肢も出てきます。

もともとワーキング・ホリデーは異文化交流を目的としてはじまった制度です。一方的な出稼ぎとならないよう、経済力などが比較的近い国同士で提携されてきました。しかし、世界経済が成長するなかで、日本だけがじりじりと貧しい国となったため、気づけば海外移住の便利な入り口として使われるようになったわけです。

ワーホリ人気沸騰で「英語強者」が勝つ傾向に

ただ、先ほど書いたように日本人のワーホリ利用者があまりに急増しているため、仕事の供給が追いつかない状況が起きていて、**受け入れの数に上限を設ける動きも出ています**。

現地の雇用主もボランティアではないので、せっかく雇うなら少しでも英語ができる人材を採用したいと思うのが常。そもそもワーキング・ホリデーでやってくる若者は日本人だけではありません。

たとえばオーストラリアが協定を結んでいるのは19の国と地域で、アジア圏は日本以外に香港、韓国、台湾。その他は大半がヨーロッパの国です。英語を完璧に操る北欧国なども含まれます。

そうなると、**英語が苦手な日本人は圧倒的に不利**。その他の国からやってくる若者に勝てません。日本食料理店のように日本人スタッフの需要が高いところでも、すでにスタッフはいくらでもいる状態ですから、わざわざ英語ができない若者を採用するメリットがないのです。

人生一発逆転のチャンスとしてワーキング・ホリデー制度を利用しようとする若者は今後も途絶えることはないと思います。ただし、その競争が激しくなっているので、**あらかじめ英語力はある程度高めておくことが必要**になりそうです。

でも僕としては、若い人が自分の可能性を広げる舞台として海外に目を向け始めたという意味で、**このブームを前向きに捉えています。**

海外在留邦人数調査統計によると、2023年10月時点、**海外で永住する日本人は55万人と過去最高をマークしました。**前年比で約2万人も増えています。長期滞在者（3か月以上）と合わせると約130万人。日本人の100人に1人は海外で暮らしています。

日本で働くことはコスパ最悪!?

日本で働くことにこだわらないのは、若者世代だけではありません。

たとえばすでに海外に生活拠点を移した、いわゆる「教育移住」の子育て世代の日本人と話をすると、「子どもには日本企業に就職してほしくない」という発言をよく聞くようになりました。

こうした親御さんたちは別に「日本で暮らさないでね」と思っているわけではありません。

ただ、日本企業より数倍稼げる求人が世界中にあるのに、「わざわざ日本企業を選ぶ＝コスパが最悪」と見られているのです。

多くの親は子どもの社会的、経済的成功を願って教育投資をがんばるわけで、**費用対効果があまりに悪い進路を（できれば）避けてほしいと思う親心は理解できます。**

高い塾代や学費を払って一流大学に進学させたのに、突然子どもが「俺、明日からお笑い芸人になるわ」と言われる親の気持ちと似ているかもしれませんね。

子どもが優秀なら海外で通用する教育を施し、外資系グローバル企業で本社採用を目指し、そこからエクスパッツ（駐在員）という形で日本に来れば、**港区や渋谷区あたりの高級住宅地の社宅に住み、高い報酬を得る**こともできます。

日本の学生や社会人がそのまま就職できる外資系企業は国内にたくさんありますが、日本企業と実態が変わらない会社も少なくありません。

ローカル採用組（たとえば、アップル・ジャパンで採用された人）は、本社採用組（カリフォルニア州クパチーノで採用された人）から一段下に見られるのが現実。**本社からすれば、各国の支店は販売店くらいの扱いにすぎない**からです。

よほど優秀な人材でないと本社から声がかかることもないでしょうし、当然、給与水準も低くなります。海外経験豊富な人はその落差を知っているから、ことさら日本企業を敬遠するのでしょう。

貧しい日本で賢く生き延びる方法

ＯＥＣＤの各国賃金比較によれば日本は38か国中25位です。まったく同じような仕事をしてもお隣の韓国では１・2倍くらい、アメリカでは2倍くらいの給与をもらえます。

ＯＥＣＤの平均よりも約１万２０００ドル低く、日本のすぐ下にはポーランド、エストニア、ラトビア、チェコ、チリなどが並んでいます。日本人の感覚では「あまり裕福なイメージのない国だな」と思うでしょうが、日本もそう見られている可能性があるというわけです。

ここ数年で日本企業の新卒給与は跳ね上がっていますが、それは深刻な人材不足のためであって、景気がよくなったわけではありません。

それにスタートの給与が上がった分、メンバーシップ型雇用の会社では10年、20年

働いても給与が上がりにくい報酬体系になっていく可能性も十分考えられます。また
ジョブ型雇用の会社でも、成果に見合った報酬が支払われる保証もありません。

これからの時代の働き方を考える若者に改めて伝えたいことは、日本は貧しい国になり下がり、長期的には落ちていく一方だということです。

2024年は日本を訪れる外国人の数が過去最高を更新する可能性が高いと言われています（いままでの最高は2019年の3188万人）。

それも結局、日本人の2～3倍の給与をもらっている人たちからすれば日本全体の物価の安さが異常だからです。かつて日本経済の勢いがあったときに物価の安い東南アジアなどで日本人が豪遊していた状況とまったく同じです。

歯を食いしばって働けば、それなりに豊かな生活は保証される？

いやいや、もはやそんな時代じゃないってわかりますよね？

そんななかで、**海外も視野に入れて「賢くスキルを身につけ」「上手に稼ぐ」ことは、たいへん理にかなっている**ことなんじゃないかと思います。

「日本を捨てろ」と言いたいわけではない

ちなみに海外移住の話をすると、とある界隈の方たちから「非国民め！」とか「二度と日本に戻ってくるな！」と、おそろしく脊髄反射的な反応が返ってくることがあります。

誤解のないように言っておくと、僕は日本脱出を積極的にすすめるわけでもないし、日本が嫌いなわけでもありません。

日本はいいですよ。治安はいいし、サービスはいいし、医療費は安いし、ご飯はおいしいし、美しい四季も楽しめます。日本を一切出ずに、幸せな一生を送れる人ももちろんたくさんいますから。

でも、いまの日本で生活を続けることが困難だと感じたり、生きづらさを抱えている人もたくさんいます。

周囲のサポートがなく片親で子育てしないといけないとか、非正規雇用の沼から抜け出せないとか、露骨な男尊女卑社会に嫌気がさしたとか、地域・会社・学校などでの同調圧力が辛いとか、自分（や子どもの）の個性を潰されるのが不満だとか、理由はいくらでもあります。

この状態のとき、日本で暮らし続ける可能性しか考えられない人は、

「人生、詰んだ……」

と悲観しがちです。そういうあきらめの境地に至っている人に対して、「いやいや、

まだ選択肢はたくさんあるよね。外に目を向けてみようよ」と言いたいだけです。

「日本はダメで、海外がいい」なんて、これっぽっちも思っていません。

だって、僕の住むパリにもたくさんの日本人が「パリ生活」を夢見てやってきては、現実に打ちのめされて帰国していく様子をイヤってほど見てきていますから。

日本を捨てる覚悟なんて、全然いりません。

別に「お試し」で海外を経験してみて、合えばそのまま住めばいいし、「やっぱり日本がいい！」と思うなら、帰ってくればいいだけの話です。

大学」という基準で選んだのが、アーカンソー州中央大学でした。

留学前の僕の英語力は、受験英語での貯金分くらい。

英会話はまったくと言っていいほどできません。

そこで最低限の準備として、都内の英会話学校の無料体験を受けまくりました。通常コースなら「５人の生徒に外国人講師が１人」という学校でも、無料体験ならその学校のエース級の講師からマンツーマン指導を受けられるのは、じつにオトクでした。

いざ留学がはじまると、最初は右も左もわからないし、ネイティブの使うスラングは意味不明だし、授業の課題もめちゃくちゃ多かったのでそれなりに苦労はありました。ただ、「やらなきゃいけない状況」に追い込まれると、なんとかなるものです。

気づけば英語を話せるようになり、充実した留学生活を送ることができました。当時もうっすらと「一生使えるすごい便利な武器をゲットできたかも」と思っていましたが、のちのち「やっぱり正しかったな」ということがわかりましたね。

ひろゆきのつぶやき

僕のアメリカ留学秘話

僕の「海外お試しエピソード」を披露しますね。
大学に通いはじめて思ったのは、「大人になったらなるべく働きたくないよなぁ」ということ。高校生時代からアルバイトをしすぎたせいかもしれません。

さらに、「大学４年間で何も得られてないのは、時間のムダすぎる」と感じていました。

それで、「英語ぐらいは、しゃべれるようになっておきたいな〜」と考えるようになったんですね。

その当時、タクシーにはねられてバスに当たってしまい、治療費やら何やらと多額のお金をもらえる機会がありました。さらに、外国の大学に留学すると30万円奨学金がもらえるという制度もあったりしました。

当時は留学先の情報が少なかったので、外国人留学生向けの寮に併設する図書館に行って調べ、「日本人が少ない、極端に寒くならない土地、学費が安い、インターネットが無料で使える寮がある、これを満たす

「英語の勉強不要論」の盲点

昔、漫画の『ドラえもん』を読んでいたら、あらゆる言語を自在にしゃべれるようになる「ほんやくコンニャク」というひみつ道具がありました。そこから何十年か経ち、いまでは音声認識を含むＡＩ技術によって、スマホに話しかければそれを翻訳し、発話までしてくれるアプリが現実のものとなっています。

こうした革新的な技術が出てきたことで、「これからの時代、英語の勉強に時間を費やすのはムダ」といった意見をたまに聞きます。

でも、本当にそうでしょうか？

海外旅行で道を尋ねるとか、レストランの予約をするとか、お店で値切るとか、運転手と交渉するといった用途なら、たしかに自動翻訳でこと足ります。事実、日本の飲食店やタクシー運転手も、インバウンドの外国人と会話する手段としてスマホを活用しています。簡単な打ち合わせくらいならビジネス用途でも使えるかもしれません。

つまり、単なる「情報交換」の手段としてなら、多少の誤訳やタイムラグがあっても自動翻訳でそれなりの目的を果たすことができます。

ただ、自動翻訳を介して「信頼関係」を構築するレベルのコミュニケーションはできるのでしょうか？

スマホや専用端末で小間切れの会話しかできない状態で、親友をつくったり、だれかを口説いたり、営業トークをしたりすることは可能なのかということです。

時間がたっぷりあるなら無理ではないかもしれませんが、時間が限られているなかなら、正直かなり難しいと思います。

仮に自動翻訳の精度や速度がいまより数段上がったとしても、**コミュニケーションの基本は相手の目を見て、共通の言語で会話のキャッチボールをすること**です。

僕も留学時代は授業の内容やインターネット関連の話題などについての会話はなん

とかなりましたが、友人たちがネイティブならではジョークや芸能ゴシップ系の話題で盛り上がっていると、その会話に入ることはできませんでした。**でも、その言語を使ってしぶとく会話を続けていると、少しずつ理解が進むものです。**

おすすめの英語学習法は「現地調達」

じゃあ、実際にどうやったら、生きた英語を身につけられるのでしょう？

オンライン英会話？　学習アプリ？　ＡＩ英会話？？？

目的によって手段は変わると思いますが、リスニングとスピーキングの上達を目指すなら、僕の答えは超シンプル。

四の五の言わず「海外に行け」。

以上です。

別に、完璧を目指す必要はありません。「なにもしゃべれない人」から「ざっくりしゃべれる人」になることがとにかく重要なので、まずはそこにフォーカスすればいいんです。

そして、**ざっくりしゃべれるようになるには、イマージョン（英語漬けの環境）がベスト。**

僕の彼女も以前までは英会話が大の苦手で、何度か挑戦しては失敗を繰り返していました。僕と一緒に海外に行っても、僕がもっぱら通訳を担当。

そこで一念発起して、フィリピンで1か月の語学留学に参加。現地でみっちり英語漬けで学んだことで、日常会話にはまったく困らないレベルになりました。

「英語が未熟だから会話をしない」のではなく、「英語が下手だからこそ会話をたくさんすべき」と発想を変えることが大事なんじゃないですかね。

ちなみに自分の英語力を客観的に証明するための試験として、日本では英検やTOEICが人気みたいですね。英検は日本独自の試験なので海外では通用しないことは知っているかもしれませんが、実はTOEICも日本人が言い出しっぺの資格なので、アジア圏くらいでしか通用しません。

もしアメリカで自分の英語力を証明したいならTOEFL、ヨーロッパならCEFRが主流です。

子どもがいるなら英語だけは教えたい

バイリンガル教育のひとつと言われる「イマージョン教育」。これは、2つの言語を一度に習得させるための方法です。カナダで始まった手法ですが、カナダは英語とフランス語が公用語なので、納得ですよね。

たとえば、母国語が日本語で、第二言語として英語を学ばせたい場合、**英語という外国語を文法とか会話で学ぶのではなく、「英語で」算数や理科、社会などの教科を**

教えます。

「大人になってから覚えればいいじゃん」と思うかもしれませんが、小さな子どもと大人では決定的な違いがあります。それは「吸収力」です。

子どもの脳は神経回路が発達段階なので、ある情報をガンガン与えれば、脳はどんどん吸収していきます。

とくに「音（耳）」は小さいころに慣らさないと、聞き取れないものも出てきます。

たとえば僕は大人になってから英語を学んだので、いまだにLとRの聞き分けや発音が苦手です。でも、子どもならなんなく習得してしまうんですよね。

だから、子どもの英語教育に関してはできるだけ早い段階でやったほうがいいんじゃないかと思っています。学校教育としてやるかは別として、子どもの将来の選択肢を増やすための教育としては理にかなっているんじゃないかと思います。

日本で暮らす知人を見ても、お金に余裕のある世帯の半分くらいは自分の子どもたちをインターナショナルスクールに入れています。私立の小学校では英語教育に力を入れていることをアピールする学校もありますが、オールイングリッシュの環境に勝てるわけがありません。

もしいまの僕に子どもがいて日本で子育てをするなら、おそらくインターナショナルスクールに入れると思います。

お金がなくて無理なら、せめて英会話教室には早めに入れて「英語の耳」をつくることだけでもやっておくような気がします。

子どもが英語に興味を示さなくなったら無理強いはしませんが、英語の基礎さえできていれば、英語を再開するときに大きなアドバンテージになりますよね。

難易度高めの「大人の英語」を学ぶメリット

海外の一流大学や大手外資系企業などのエリート路線に行きたいと考えている人の場合、イマージョン教育で英語力を底上げするだけでは物足りません。日本語と同じで、**日常会話で使う言葉と、ビジネスシーンで使う言葉は異なるから**です。

難解な資料を読んだり、論文や報告書を書いたり、議論を交わしたりするためには、「エスタブリッシュメント（支配階級）が使う大人の英語」をマスターする必要があります。

「論破王」のようなあだ名をつけられる僕ですが、留学時代にいちばん苦労したのは、実はディベートです。

大人の英語はイギリスやスイスのボーディングスクールに行ければ習得できるでしょうが、そこに入るハードルがまず高すぎます。

もし日本国内で「大人の英語」を学ぶには、**ＪＰＲＥＰのような海外大学進学を視**

野に入れたカリキュラムを用意している塾に通ったり、普段から英字新聞や英語の書籍を読んだり、BBCのような報道番組を見るような習慣が最低限必要です。

将来、グローバルエリートを目指したいとか、国際機関で働きたいと考えているなら、ぜひチャレンジしてみてください。

中国語は英語のあとで

14億人という圧倒的な人口を擁し、2037年にはGDPがアメリカを抜いて世界一になると予測されている中国。「どうせ語学をやるなら英語ではなく中国語を勉強してもいいんじゃないの?」という考えもあるかもしれません。

中国語ができれば日本の会社で中国担当として採用されたり、中国人の来客が多いホテルやレストランで採用されやすくなったりと、「中国語が得意な日本人」という希少性を活かして仕事をすることはできるでしょう。
ただ、現実的にはそうした仕事は、すでに大量にいる「日本語が得意な中国人」でも担うことができるので、唯一無二のポジションというわけにはいきません。

単にビジネスチャンスを得る手段として中国語を考えているのであれば、僕は英語の習得が先だろうと思っています（すでに英語が話せる人が中国語を学ぶのはアリです）。

理由は単純で、**日本人が仕事で接点を持つであろう中国人の大半は、英語が話せるから**です。これは韓国でもインドネシアでもベトナムでもすべて同じ。
海外で現地の大学を出てホワイトカラーとして働いている人は、基本的にみんな英語が話せます。むしろ上場企業で働いているビジネスエリートなのに英語を話せない人がゴロゴロいるのは、世界を見ても正直日本くらいじゃないですかね。

日本ではようやく２０２０年に小５からの英語科目が必修化されましたが、中国では２００１年（20年も前！）からはじまっています。

中国政府はグローバル社会で孤立化を防ぐためには英語は必須であるという、至極真っ当な判断で英語教育に国をあげて取り組むようになったため、いまの中国は日本よりはるかに英語教育大国です。

英語が話せないのは現地の中高年の話であって、**若い世代の7割くらいは英語が話せる**そうです。

そもそも**僕が英語をすすめるのは英語がリンガフランカ（世界の共通言語）だから**であって、「アメリカの経済力がすごいから」とか「イギリスの大学は優秀だから」とか、そういう理由ではありません。

たとえばアフリカのどこかの国に行って日本語が話せる通訳を探すのは大変です。

でも英語を話せる通訳ならどの国でもいます。

英語圏以外の国の人ともコミュニケーションをとる手段として、英語ほど汎用性《はんようせい》の高い言語はありませんよ。

「英語力」はどこでもプラス評価される

もし海外に一生行かなかったとしても、高い英語力を身につけていれば、日本国内の就職・転職でも起業でも、絶対に役立ちます。

プラスになることはあれど、マイナスに働くことはほぼありません。

何も「英語の専門家として食べていく」なんてレベルの高い話をしているわけではありません。上を見れば国際会議で同時通訳ができるような超プロフェッショナルもいますが、そこで勝とうとするのは大変です。

結局、**ビジネスパーソンとしての市場価値を一番簡単に上げる方法は、「異なるスキルの掛け算をすること」**です。英語というスキルを持っていれば、自分がすでに持っているスキルやこれから身につけていくスキルとどんどん掛け算をしていくことができ、差別化を図ることができます。

たとえば英語の話せるプログラマがいない会社に、「プログラマの経験は浅いけど、英語はできます」という人が面接に来たら、とりあえず確保しておきたいもの。

実際、プログラマ歴わずか1年半で、**「英語ができるプログラマ」として外資系半導体メーカーにヘッドハントされ、年収が2倍になった**知り合いがいます。

プログラマとしての腕前は平均的でしたが、帰国子女で英語が堪能《たんのう》だったことが評価された理由です。

あるいは、接客経験はファストフードのバイトくらいしかないけれど、留学経験があって英語が堪能であれば、インバウンドに力を入れている高級ホテルや高級レストランで正社員として採用される可能性もあります。

実務のノウハウやスキルは1〜2年働いていれば学ぶことはできます。でも英語の習得には時間がかかります。だから、**英語力の高い人材は日本企業にとって非常に魅力的**なのです。

起業に関しても、英語ができればグローバルな市場で勝負することができます。

たとえば手工芸が得意な人なら、制作過程を英語字幕つきで動画に収めてYouTubeにアップしておき、商品自体はアメリカの通販サイトEtsyなどに挙げておけば、**世界に売り込むことができます。**

飲食店経営者が英語を勉強してSNSなどを通して情報を発信すれば、近隣の駐在員や観光客を呼び込むことができるでしょう。

アプリをつくるにしても、**最初から世界市場を意識してつくりこめば、思わぬ大金を得ることだって可能**です。

日本語の200倍?「圧倒的な情報収集」ができる

英語に抵抗がなくなってくると、情報収集も英語でできるメリットも見逃せません。

2024年8月現在、世界のインターネットコンテンツで使用されている言語の割合は英語が49・5%で断トツのトップ。そのあとはスペイン語(5・9%)、ドイツ語(5・4%)と続いて、日本語は4・9%で4位です。

いま試しにグーグル検索で「アインシュタイン 功績」で検索してみると約6万件しかヒットしませんでしたが、「Einstein Achievements」で検索すると1250万件もヒット。

なんと、200倍以上も情報が出てきました。

普段、日本語でしか検索していない人は、インターネットの力をまったく活かせていないと思ったほうがいいでしょう。

日本国内の情報なら日本語で検索すべきですが、海外の情報や世界共通の情報であれば、英語で検索できる能力を持っていると仕事でもプライベートでも間違いなく重宝します。

これは4章で書いた独学力の話に通じることで、たとえばYouTubeを使ってアドビのイラストレーターの使い方を体系的に学びたいと思ったら、英語で検索したほうが良質なコンテンツに遭遇できるチャンスは圧倒的に増えます。

それもそのはず。日本語のコンテンツは日本人のデザイナーだけが投稿しているもので、英語のコンテンツは世界中のデザイナーが投稿しているものです。

選択肢の幅がまったく違うので、僕も何か新しいことを体系的に学びたいとか、日本に届いていない最新の情報にキャッチアップしたいと思ったら、**英語の情報源からあたるようにしています。**

海外で探し物をするなら「英語」

ちなみに僕がフランスに移住するときにものすごく困ったことのひとつに、「居住者証明を取ること」がありました。

居住者証明を取るには部屋を借りないといけませんが、部屋を借りるためには銀行口座が必要で、銀行口座の開設には居住者証明が必要という無限ループにはまったのです。

このときも役に立ったのが英語での情報検索。

過去にフランスに引っ越してきた何十万、何百万もの外国人も僕と同じような目にあっているはずなので、解決策があるはずと思って調べたところ見つかり、なんとかなりました。

日本語では情報量が少なすぎますし、フランス語で検索してもフランス人はこのような問題に直面しません。

だから英語で検索したのです。

義務教育で英語の基礎はみんな学ぶわけですから、もう少しだけ訓練して、「使える英語」を身につけることで、人生の選択肢を広げてみてはいかがでしょうか。

第7章

世界のどこでも「職場」になる

本気になれば「だれでも」海外で働ける

「英語をある程度習得できても、本当に海外で働いたり、移住したりできるの？」と疑われている方もいるかもしれません。

ビザの取得にはお金がかかりますし、手続きも大変です。でも（犯罪歴があるなどの）**特殊な事情がない限り、本気になればだれでも海外移住はできます。**

僕がラトビアで滞在許可証をもらったときは、まとまったお金を現地の銀行に預けて、長期滞在の許可をもらっていました。

このように大きな資産を持っていると「投資家ビザ」「起業家ビザ」「リタイアメントビザ」などの形で長期滞在や永住がしやすいことは事実です。

とはいえ、だれにでもできるわけではありません。

僕はいまフランスでは「ビジタービザ」という、比較的取得が簡単なビザを更新しながら暮らしています。

ビジタービザでは現地での就労ができませんが、僕の収入源は日本とアメリカなので、このビザで十分です。ビジタービザを更新しながらフランスに5年間以上暮らせば、「ＥＵ長期滞在者カード」（いわゆる10年ビザ）の申請ができるので、それが取得できれば、ＥＵのどこでも住めるようになります。

僕はすでにアメリカの10年ビザとマレーシアの長期滞在ビザ（ＭＭ２Ｈ）を持っているので、ＥＵの10年ビザも取れたら、住む場所の選択肢はかなり増えることになります。

「なんかこの国も飽きたな」「この国は社会情勢的にヤバいかも」なんて思ったら、**すぐに環境を変えられる選択肢があることは、いいもの**ですよ。

年収3000万円も夢じゃない「寿司職人」

もし現地で働くなら、「就労ビザ」の取得を目指すのが最初の一歩になります。

まずは就労ビザで何年か働いてみて、気に入ったら永住権を目指す方法が一般的でしょう。

就労ビザにもたくさんの種類がありますが、日本人の一般的な取得方法は次の4つです。

①日本企業に勤めながら海外転勤をする
②現地企業で採用されて就労ビザのスポンサーになってもらう
③就職先が未定でも取得できる就労ビザを取る（国による）
④現地大学を出て就労ビザをもらう（国による）

たとえば、語学留学先として日本人に人気のカナダ。大学と連携している語学学校を選ぶことで、語学プログラム受講後に現地の大学に進学することができます（ちなみにカナダの大学は英語圏のなかでは比較的学費が安く、滞在先の都市によっては、全留学費用はアメリカの大学の半額程度です）。

さらに現地の大学に2年以上通えば、最大3年間の「就労ビザ」がもらえます。**現地の大学を出ると在校期間に応じた就労ビザがもらえる国はたくさんあり、日本も導入済み**です。

そしてその就労ビザを使ってカナダ政府が指定する職種（エンジニア、教員、美容師、シェフ、マーケティングのようにそれなりに専門性の高い職種）を1年以上経験すれば、いきなり永住権の申請ができます。

カナダ政府は優秀な人材をできるだけ国内にとどめる方針で動いているので、それが制度として反映されています。

わざわざ現地の大学に行きたくないなら、やはり**現地で需要のある職種のスキルを**

高め、**英語の勉強を続けることで現地の企業に採用され、就労ビザのスポンサーになってもらう方法**がわかりやすいと思います。

日系企業も海外拠点で生産管理や社内SEなどの求人を出していますし、たびたびニュースになる寿司職人など、**日本料理の調理人は引く手あまたです。**

もし僕がもっと若くて、自分にスキルが何もない状態から一発逆転を狙うとすれば、英語をめちゃくちゃがんばって、寿司職人の学校に通ってアメリカに行くと思います。

寿司職人は、見習いでも年収1000万円くらい。チップがもらえる手練《てだ》れの職人になれば3000万円くらいは稼げるとか。

海外求人を専門に扱う転職エージェントに登録してみて自分のスキルを活かせる仕事がないか、一度探してみるといいかもしれません。

やっぱり効いてくる「大卒資格」

英語の勉強すらあまりしたくないというのであれば、たとえばバンコクの日系企業向けのコールセンターなどで採用してもらう手もあります。試しにネットで調べてみたところ、英語力の目安として「ＴＯＥＩＣが２２５点でも大丈夫」という求人もありました。**中学英語でＯＫ**ということですね。

タイなので給料は安いですがその分生活費も安く、日本人も多くて暮らしやすいので、とりあえずのんびり暮らしながら海外生活に慣れつつ、現地で別のビジネスチャンスを探すみたいなこともできそうです。

ただこの就労ビザ、先進国にいくほど「大卒以上」という条件を設けている国が増えます。**アメリカやカナダ、中国などもそうですし、ＥＵブルーカード（就労ビザの一種）も大卒者が最低条件**です。

実務経験が長ければ例外的に認められることもありますが、やはり外国人労働者を受け入れる側としては「ただの労働力よりも、できるだけ高度なスキルを持った人材を集めたい」という思惑が働くのは当然のことでしょう。

「学歴」と「実務経験」を両方問う国もあります。

ちなみにイギリスでは、世界のトップ大学を卒業した人に就労ビザを与えるユニークな制度を導入しています。日本だと、東大と京大の卒業者が該当します。

ビザの種類や取得条件は国によって本当にバラバラで、頻繁に変更になるので、**気になる方は各大使館のウェブサイトや海外移住の情報を発信しているサイトなどで、最新情報を調べてみてください。**

実際に移住した人たちのリアルな声を集めてみるのも大切ですよ。

本格的に移住を検討するなら、目星をつけた街を実際に巡ってみるといいでしょう。

とくに子ども連れの場合は治安が気になるところなので、昼だけではなく夜の雰囲気も見ておくといいかもしれません。

世界で導入が進む「デジタルノマドビザ」

数あるビザのなかで僕が最近注目しているのは「デジタルノマドビザ」。いかにも現代風のビザですよね。

日本でも２０２４年４月から導入されたので、ニュースなどで見かけた人もいるかもしれません。

日本の場合、年収１０００万円を超える外国籍のリモートワーカー（自営業やフリーランサー）に対して、家族同伴で6か月の滞在許可を与えるというもの。

日本以外から収入があることが条件なので、現地での就労はできません。6か月以上滞在したい場合は、滞在期間中に再申請して、一度日本を出る必要があるそうです。

インターネットさえあればどこでも仕事ができる人が急増したことで、いま多くの国でこの制度の導入が広がっています。

2024年8月現在、**なんと66か国も導入していますから、だいたい世界の半分が採用している**ことになります。

日本の滞在期間6か月は短すぎると感じますが、標準的な長さはだいたい1年で、さらに数年延長可能な国が多くなっています。

たとえばフリーランスのエンジニアで年収2000万円くらい稼いでいる人なら、このビザを使うことで世界中を巡ることができます。

そのなかで自分に合った土地があれば長期滞在ビザの取得を模索してもいいし、逆に外の世界に出ることで見えてくる日本のよさを再認識して、日本に戻ってきてもいいわけです。

いよいよ国境の垣根が下がってきたな、と感じる取り組みですよね。

2024年2月時点でデジタルノマドビザを導入している国・地域の一覧を、次ページに紹介してみました。

細かい条件については、各国の大使館のサイトなどを参照してください。

個性豊かな子どもに向いていることも

日本は所得税や相続税が高所得者ほど高くなる累進課税制度をとっているので、富裕層にとって、税率が低い国に行くことで収入が増える可能性もあります。

「お金」が、海外移住の大きな魅力のひとつであることは間違いありません。

ただ、**海外移住のメリットはお金以外にもいくらでもある**ことをぜひ知っていただけたらと思います。

デジタルノマドビザを導入している国

ヨーロッパ

スペイン、ポルトガル、イタリア、クロアチア、ドイツ、ギリシャ、エストニア、マルタ、ノルウェー、フランス、アイスランド、アイルランド、ルーマニア、オランダ、ジョージア、チェコ、ハンガリー、ラトビア、アルバニア、キプロス、セルビア、ブルガリア、フィンランド、イギリス、スイス、スウェーデン、オーストリア、ポーランド、デンマーク、スロベニア、ベルギー、リトアニア

北中米

コスタリカ、メキシコ、パナマ、ベリーズ、アメリカ合衆国、カナダ

南米

コロンビア、エクアドル、ペルー、ブラジル、ウルグアイ、チリ、アルゼンチン

アジア

インドネシア、タイ、日本、UAE、韓国、マレーシア、ベトナム、台湾、トルコ、インド、スリランカ、カンボジア、フィリピン、シンガポール

カリブ海

バルバドス、バミューダ、バハマ、ドミニカ、アルバ、アンティグア＆バーブーダ、ケイマン、アングイラ、キュラソー、セントルチア、グレナダ、モンセラット

アフリカ

南アフリカ、モーリシャス、セーシェル、ナミビア、カボベルデ、エジプト、モロッコ

オセアニア

オーストラリア、ニュージーランド

（出入国在留管理庁HPより）

最近よく聞く「教育移住」。

日本の教育制度では、「均一的・画一的な大人を量産するだけ」とネガティブに感じる人も多いのではないでしょうか。

そうした環境にフィットできる子どもは百歩譲《ゆず》ってまだいいのですが、苦労するのはさまざまな特性を持った「個性豊かな」タイプの子どもたちです。

たとえばいま日本の学校では、「発達障害の（あるいはその疑いがある）子ども」を特別支援教室に入れる場合があるようです。このある意味で「特別扱い」は子どもたちにとって、本当によいことなのでしょうか。

海外の学校では、いろいろな国、背景、特性をもった子を同じ環境で教育を受けさせる「インクルーシブ教育」を取り入れています。日本は、世界が目指す多様性の方向と真逆のことをしているわけです。

また、ギフテッド教育も先進国と比べて充実しているとは言えません。
こうした環境を嫌って海外で子どもを育てようとする人は今後も増えると思います。

会社より、「自分」「家族」を優先する

あとは働き方に対する考え方が違う国に行くことで、**自分の望む生き方が実現しやすくなるケースもあります。**

欧米では、「仕事より家族優先」が当たり前。

「今日は息子のサッカーチームのコーチをしないといけないから帰るね」みたいなことが普通にあります。

たとえば、アメリカのように小学校の登下校で大人の同伴が義務づけられている国

もあって、勤務先の制服を着たまま子どもを迎えにくる親もチラホラ。それだけ柔軟な働き方ができる、ということです。

オランダやドイツのようにそもそも労働時間が短い国もあります。

家族優先という共通理解が社会全体にあれば、子育てする人も、介護する人も、困ったときはいくらでも融通を利かせることができるのに、日本はいまだに「仕事優先」の社会だな……と感じます。

凝り固まった価値観でお互いがお互いを縛って、動きづらくしている面もあるんじゃないでしょうか。

少しでも「楽しく」「ラクに」生きればいいんじゃない？

「自分の人生を趣味に捧げたい！」なら、それに合う国に移ったっていいんです。

熱狂的なサーファーが湘南や外房に引っ越すことはよく聞きますが、1年中快適にサーフィンがしたいなら、1か月8万円くらいで暮らせるインドネシアのバリ島あたりに移住して、午前中はサーフィン、午後の数時間だけリモートでできる仕事をこなすような生活をしてもいいわけです。

「南海トラフ地震が怖いので、地震がない国に行きたい」
「花粉症が辛いので、杉が一本も生えていない国に行きたい」
「ハゲているのが恥ずかしいので、ハゲ率の多い国に行きたい」

理由？　なんでもいいんです。

とにかく読者のみなさん、とくに若い人たちに伝えたいのは、**「別に日本にこだわらなくてもよくね？」**ということ。

結局ここでも重要なのは、「自分はどんな生き方をしたいのか？」。それがはっきりと見えているなら、「じゃあどうやれば実現できるか？」を考え、必要なスキルを身につけて、準備を進めていけばいいんじゃないでしょうか。

僕は人生に目的なんてないと思っている人間です。どれだけ死に物狂いで働いて金を稼いでも、人は必ず死にます。

人生なんて暇つぶし。

そう考えたら、少しでも楽しく生きたほうがいいわけです。

そのためにも**「世界のどこでも職場になる」という選択肢がある**ことを覚えておいてください。

でハワイなどに行き、現地の病院で子どもを産めば、子どもはアメリカ国籍が取れるという合法的な方法もあります。

アメリカは医療費が高いですし、滞在費がかさむという点はあるのでだれでも使える方法ではないですが、アメリカ人と結婚しなくても子どもをアメリカ人にする方法はあるのです。

子どもが「出生地主義」の国で生まれた場合、出生後３か月以内に現地の日本大使館などにその旨を届け出ると、日本との二重国籍になります。

そうすれば将来的に子どもは、「日本人」になるか「外国人」になるかを自分の意志で選べるわけで、「子どもの将来の選択肢を増やす」という意味では、親にできる最高のプレゼントかもしれませんね。

なお、子どもがアメリカ国籍やカナダ国籍だからといって、その親にも永住権が与えられるわけではありません。でも、たとえばいまのアメリカの法律では子どもが21歳になった時点で親は順番待ちをせずに永住権（グリーンカード）が与えられるそうです。

ひろゆきのつぶやき

外国に住んだり、外国籍をとるための裏ワザ

海外の永住権についての情報を紹介しましょう。

日本の病院で外国人夫婦が子どもを産んだとしても日本国籍は与えられません。

日本は、子どもの国籍は親の国籍で判断する「血統主義」というルールを採用しているためで、血統主義は世界の主流です。

その一方で、その土地で生まれた子どもには自動的に国籍を与える「出生地主義」というルールを採用している国も少数ながらあります。

具体的にはアメリカ、カナダ、メキシコ、アルゼンチン、ブラジル、ペルー、ウルグアイ、ベネズエラ、エクアドルなど。アメリカ大陸の国々がほとんどです。

こうした制度を利用すれば、移住先や転勤先として出生地主義の国を選ぶことで、生まれてくる子どもに外国籍を与えることができます。

また、出産が近い日本人女性が「旅行」という名目

困ったときに支えとなる「趣味」

最後に、海外で働くことに少し興味を持った方のために、海外暮らしのコツを2つ紹介します。

ひとつめは、**「趣味を持つこと」**です。

まず、欧米のように生活費の高い土地で働く場合は、お金のかからない趣味を持つことで浪費を防ぐことができます。

僕は自室にこもってゲームをしたり、映画を観たりするのが趣味なので、生活費の高いパリで暮らしていてもほとんどお金がかかりません。

これから趣味を探したい人は、**料理を趣味にするのもおすすめ**。外食が高価な国で自炊を楽しむことができればお金も貯まり、一石二鳥です。

僕は友だちなんて無理に増やさなくていいと思うタイプなのであまり気にしません

が、そういう生活に孤独を感じてしまうタイプの人は、**趣味を通して現地の人と知り合い、交流するのがてっとり早い**でしょう。

釣り、サッカー、バスケ、テニス、サーフィン、ゴルフ、チェス、ダーツ、ビリヤード、手芸、絵画、楽器あたりはだいたいどこに行っても愛好家はいます。オリンピックで一躍有名になった「汚川」のセーヌ川でも、ルアーでイエローパーチやノーザンパイクを釣っている若者を見かけますし、たまに日本人もいます。

共通の趣味を持っていれば、多く言葉を交わさなくても意気投合しやすいので、すぐに知り合いをつくることができるはずです。

空手、柔道、茶道、生け花、書道、日本料理など日本人ならではの特技があるなら、それを近所の人に教えるのも面白いかもしれません。

「日本人」を売りにすれば、多少言葉が下手でも大目に見てくれるでしょう。

そろそろ減点主義はやめて、加点主義で

海外暮らしのふたつ目のコツは、**「日本を基準にしすぎないこと」**です。

なんだかんだ言って、日本はだいぶ特殊な国です。

電車は時間通り運行されるし、治安はいいし、接客は丁寧だし、ご飯は安くておいしいし、震災などが起きても礼儀正しく救援物資の列に並びます。

はっきり言いますけど、こんな国はめったにありません。

こういう日本の基準を海外にそのまま求めると、「これはダメ、あれもダメ」とア

ラばかりが気になるようになり、その地での滞在がどんどん不快になっていきます。

人によってはホームシックになり、失意の帰国となってしまうわけです。


パリで開催されたオリンピックでも、運営側の不手際が日本では散々ニュースとして取り上げられました。

選手を乗せるバスが来ない、食事が足りない、エアコンがないなど、日本人からすると信じられないことばかりだったかもしれません。

でも正直、フランスで暮らしている僕からすれば普通のことなので、「フランスなんてこんなもんだよ。勝手に期待しすぎ」と感じるわけです。


海外で暮らすときは、減点主義ではなく加点主義をおすすめします。


「その国のいいところ」に積極的に意識を向けてみましょう。そして悪いところは「まあこういう国なんだから仕方がないよね」でうまく受け流していく。

こうやって柔軟に考え方をスイッチできれば、ストレスは溜まりにくくなりますよ。

これ、対人関係でも言えることですね。

まあ、なんでもかんでも我慢すればいいという話でもありません。

僕はフランスの前に、旧ソ連のラトビアで4年ほど滞在許可証を持ってましたが、旧社会主義国にありがちな、あまりに高圧的な役人の態度に、彼女が嫌気をさしたこともありました……(それ以外にビザの関係もありました)。


ただ、ラトビア滞在中も僕は基本的には加点主義で、

「街並みがきれいで治安もいいよね」

「日本人が少ないからのんびりできていいよね」

「北欧に旅行しやすいから最高だよね」

と、いいところをできるだけ見るようにしていました。


とはいえ、はじめての海外でいきなり「加点主義になって、とにかくいいところを見ろ!」と言っても、ちょっと難しいかもしれません。

なので、僕が若い人にすすめたいのは、**旅行でもワーホリでも交換留学でもいいので、若いうちに海外を経験してみること**です。

いざ海外に行って現地の人たちの商売の仕方や暮らしぶりを見ると「おいおい、超適当じゃねーか！」と驚くことが多いと思います。

日本が極端に細かくてカッチリした国だからなのですが、その驚きが重要です。

それが積み重なってくると**「超適当でも社会はちゃんと回るんだ」という、日本で暮らしていると思いつかないような、新しい認識が生まれてきます。**

でも実際、社会ってそういうものなんですよね……。

タクシー運転手がハンズフリーで延々と電話で話していようと、スーパーの店員がダラダラとレジを打とうと、その国の人が待ち合わせの時間に絶対に遅れて来ようと、それが当たり前の社会ならだれも文句を言わないいし、それで社会が機能していればわざわざ変える必要もありません。

「ゆるい自分でもいい」と思えれば成功

もし日本で働き詰めの生活に疲れたら、一度、ギリシャに行ってみてください。日本人の感覚では信じられないほどのんびり働きますが、それなりに幸せそうです。

「このゆるさでも生きていけるんだー」とホッとできるかもしれません。

あるいは物資が乏しく、お店や食べものの選択肢が少ない国だとしても、最低限の栄養素がとれていれば、現地の人は困らないわけです。

東京の都心部で暮らしていれば、徒歩5分圏内にスーパーやコンビニやレストランがゴロゴロあって、食事は選び放題。その感覚で、お店も食材も少ない国に行けば、不便を感じるはずです。

でもその一方で、日本では年間約４７２万トンもの食品をムダにしていますよね［※］。**はたしてその「日本の基準」を押しつけることが、本当に正しいと言いきれるでしょうか？**

異国の地に日本人がプラっとやってきて、「これもあれもダメ。雑だし、いい加減だし、まったく話にならない」と上から目線で文句をたれても、「なんでお前の基準に合わせないといけないんだ。日本に帰れよ」と言われて終わりでしょう。

異文化に飛び込むということは、その文化に対するリスペクトの気持ちを持ち、ある程度受け入れる必要があるということです。

全部受け入れなくても構いませんが、なんでも「否定から入る」ことはやめましょうね。

※令和４年度農林水産省・環境省調べ。

異国での生活でストレスが溜まるのは仕方がありません。でもせっかく海外に行ったなら、ストレスをいかに下げるか、そしていかに楽しい生活を送るかに意識を集中してみてください。

「住むのも、働くのも、日本だけ」「海外なんてムリ」だと思って、窮屈だったり、いま居場所がないように感じているみなさん。

世界はあなたが思っているよりも、ずっと開けていますよー。

一人でも、恋人同士や夫婦でも、子どもを連れてでも、いつでも海外に飛び出してみてくださいー。

最後にひとこと

最後までお読みいただき、ありがとうございました。

若い人たちやお子さんのいる方が将来のワークスタイル、仕事に関してどんなことで悩むだろう？　何が心配かな？　といろいろ考えながら、僕なりの考え方をつらつらと書いてきました。

僕が伝えたかったメッセージはけっこうシンプルで、

「自分が一番幸せになれるように、好きに生きるといいよ」
「意外だけど、海外っていう選択肢もあるんだよ」
「海外のハードルは全然低いよ」

こんなことが、みなさんに伝わるといいな……なんて思います。

とはいえ、あちこちに話が飛んだ気もして、きちんと伝わったのか……？　ちょっと心配な気もするので、最後に大事なことだけ2つ強調しておきますね。

いろいろあるけど、

1　大卒
2　英語

のカードはとりあえず持っていて損はないよ、ということ。

さまざまなスキルや資格があるなかでも、この2つは比較的かんたんにクリアできるわりに、（世界に出るときにはとくに）あると有利な「付加価値材料」として使えるからです。

僕のライブ配信の視聴者は、なぜか「自分は無能です……」と自信喪失した人がやたらと多いのですが、ちょっとがんばってこの2つを手に入れてみてほしいです。

みなさんの将来への不安を、少しでも解消するカギになるかなと思います。

もちろんそれだけで「人生がいきなり好転！」となりはしません。

でもそこに自分なりのスキルとか、「好き」をちょっと掛け合わせることで、仕事の選択肢や稼ぎ方の幅がぐんと広がるはずです。

高校時代にまったく勉強せずフラフラしていた僕が大学受験を決意したのも、

「大卒カードを持っていたほうがラクに生きれそうだ」

と思ったからですし、アメリカ留学も、

「英語が話せるようになって、損することはないはず」

そう思ったからです。

結果的には2つのカードはとても役に立って、いまもゆるい気持ちで生きていけています。

自信がなくて困っているあなたも、「自分は全然無能じゃないです」という優秀なあなたも、短期でも長期でもいいので、まず世界を経験してもらいたいです。

自信のない人は「こんな自分でも、うまくいく！」と思えるかもしれませんし、優秀な人も「日本より活躍できる！」と思えるかもしれません。

まずは、飛び込んでみてほしいなと思います。

そういう人材が日本にどんどん増えていけば、古い慣習や価値観でガチガチに凝り固まった日本を少しずつよくしてくれるんじゃないかとうれしくなります。

若いみなさんが、日本を面白くしてくれるのがいまから楽しみです。

最後の最後に、「しんどさゼロ」で、ゆるく生きるための秘訣をお知らせして終わりとしますね。

ラクして稼ぐは、「悪」じゃない。
自分を最優先にしよう。

ひろゆき

〔STAFF〕

編集協力	郷　和貴
ブックデザイン	金澤　浩二
図版	石山　沙蘭
DTP	野中　賢／安田　浩也（システムタンク）
校正	山本　尚幸（こはん商会）

僕が若い人たちに伝えたい
２０３５年　最強の働き方

2024年12月24日　第1刷発行
2025年 2 月 7 日　第2刷発行

著　　者　ひろゆき（西村博之）
発 行 人　川畑　勝
編 集 人　中村絵理子
編集担当　古川有衣子
発 行 所　株式会社Gakken
〒141- 8416　東京都品川区西五反田2-11-8

印 刷 所　中央精版印刷株式会社

●この本に関する各種お問い合わせ先
本の内容については、下記サイトのお問い合わせフォームよりお願いします。
https://www.corp-gakken.co.jp/contact/
・在庫については　Tel 03-6431-1201（販売部）
・不良品（落丁、乱丁）については　Tel 0570-000577
学研業務センター　〒354-0045 埼玉県入間郡三芳町上富279-1
・上記以外のお問い合わせは　Tel 0570-056-710（学研グループ総合案内）

学研グループの書籍・雑誌についての新刊情報・詳細情報は、下記をご覧ください。
学研出版サイト　https://hon.gakken.jp/